解讀市場預期

EXPECTATIONS
INVESTING

Reading Stock Prices for Better Returns,
Revised and Updated

從股價判讀獲得超額報酬

Michael J. Mauboussin, Alfred Rappaport

麥可・莫布新、阿爾福雷德・拉帕波特 著

徐文傑、鍾顏聿 編譯

PART 1
打開工具箱
Gathering the Tools

PART 2

開始執行

Implementing the Process

PART 3

解讀企業訊號和投資機會

Reading Corporate Signals and Sources of Opportunities

重構估值方法的時代之作

達摩德仁（Aswath Damodaran）

華爾街估值教父、《為故事估值》作者

　　有些構想強大且顯而易見，當你第一次聽見或讀到它們時，你會情不自禁地拍自己的額頭，懊悔自己為什麼沒有更早想到。這正是我在近二十年前第一次讀到《解讀市場預期》時的感受。我對兩位作者並不陌生，讀過阿爾福雷德談到談股東價值、會計與價值之間的關連，以及麥可融合心理學、統計學和常識來提供新見解的研究報告。

　　身為在業界打滾多年的估值專家，這本書讓我重新思考如何評估一家公司的價值，從基於基本面來評估價值，轉向從市場價格推算隱含的基本面。雖然這兩種方法在數學上幾乎沒有差別，但是重構這個問題可以達成兩個目的。第一，這種方法將市場願意對公司股票付出的價格，與公司未來需要達成的經營成果連結起來，不僅強化基本面與公司價值之間的關係，也讓我們更容易判斷這個價格是否合理。第二，這會迫使評估的價值回到基本面，因為就像本書的兩位作者用簡約的模型所顯示的情況，只有少數槓桿可以驅動價值。

當我閱讀到這本書的新版時，顯然兩位作者在為我們所處的時代撰寫一本書，特別聚焦於破壞性技術所創造與摧毀的價值，並探討如何利用用戶／訂閱者平台來獲取利益，從而帶來更多選擇。對投資人與分析師來說，本書第八章超越現金流量折現法（discounted cash flow）來研究實質選擇權（real option）是必讀的部分，因為它不只提供一個可用來增加內在價值（intrinsic value）的工具，也提供實用的方法。雖然達美樂披薩（Domino's Pizza）的案例很好地展示了預期投資法在傳統價值評估中的威力，但如果你對科技公司的估值感到疑惑，那麼實質選擇權那章中的Shopify 案例，可能會顛覆你的思維模式。

我注意到本書第一版是由伯恩斯坦（Peter Bernstein）撰寫推薦文，他是數十年來投資思維與寫作最好的代表人士。我不是伯恩斯坦，但是我相信如果他還在世，他會寫出比當時更為熱情的推薦文。

解讀市場預期的投資策略

股價是了解市場對公司未來表現的資訊。能夠準確解讀市場預期並預測其變化的投資人，獲得優異報酬的機率將大幅提高。雖然許多投資人認為自己在決策時已經考量了所有預期，但能確實達成的人卻少之又少。

預期投資法的基本原理跟我們在先前出版的第一版相同，但因為世界上有很多事情已經不同了，這使得預期投資法的流程比過去更為有用。以下是一些最明顯的改變：

● **從主動投資轉向被動投資**：二十一世紀初以來，投資人已將數兆美元投入傳統的指數型基金與交易所交易基金（ETFs），並從主動管理的基金中撤出上兆美元。現在，追蹤美國指數的指數型基金和 ETFs 的資金規模已超過主動選股的基金。留在市場上的主動型經理人必須採用更有效的工具。我們相信，預期投資法能為他們提供通往超額報酬的途徑。

● **無形資產投資的興起**：1990 年代初期，美國無形資產的投資首度超越有形資產投資，這個趨勢仍然持續，而且當今企業在無形資產上的投資已超過了對有形資產的投入。這很重要，因為無形資產的投資通常會在損益表上列為費用，而有形資產的投資則會在資產負債表上列為資產。投資人需要區分哪些費用是為了支持當前業務運作，哪些則是未來成長的投資。了解公司投資的金額，以及這些投資是否能創造價值，對於預測市場預期的變動至關重要。此外，有些學者已經證明，無形資產比過往更為興起，使得每股盈餘（earnings per share）愈來愈無法用來衡量公司的業績表現。

● **從公募股權轉向私募股權**：今天在美國上市的公司比 2001 年少了大約三分之一，同個時期，創投和收購產業蓬勃發展。不管是公開市場還是非公開市場裡的投資人，預期投資法建立了一個有效的架構，讓投資人更有機會找到令人心動的投資機會。

● **會計準則的改變：**1990 年代，股權激勵制度（stock-based compensation, SBC）主要以沒有在損益表中列為費用的員工認股權為主。如今，股權激勵制度大多以限制型股票（restricted stock units）的形式列為費用，報酬的形式和計算方式都發生了變化。此外，2001 年修訂的併購會計準則終結了權益結合法（pooling-of-interests method），並取消了商譽攤銷。預期投資法專注於現金流而非盈餘，因此能夠在不同公司和時間點之間進行更精確的比較，而不受會計處理方式的影響。

大多數投資人都明白，股價評估是基於對公司未來財務表現的預期，並以此做出買賣決策。同樣地，企業高階經理人通常會針對公司未來三到五年的銷售、營業利潤和資金需求進行預測。採用預期投資法的投資人和企業高階經理人，能夠以一種有系統且穩健的方法，比較自己的預期與市場的預期。

本書向基金經理人、證券分析師、投資顧問、散戶投資人及商學院學生展示預期投資法的威力。預期投資法同樣在企業界引起高度關注。正如投資人可以利用預期投資法來指引投資決策一樣，企業高階經理人也能利用這個方法，根據市場預期的差異來制定策略，取得優勢。

第一章要說明使用預期投資法的理由，並解釋為什麼傳統著重短期盈餘和本益比的分析是在追逐錯誤的預期。在本書 PART1（第二章到第四章）的〈打開工具箱〉中，我們會介紹應用預期投資法必須使用的工具。第二章顯示股票市場預期是基於一家公司的長期現金流量，並證明如何使用這個模型來估計股東價值。第三章介紹預期的基礎架構，這是一個強大的工具，能幫助投資人辨識出可能影響市場預期的因素。第四章則提供競爭策略的架構，幫助投資人提高正確預測市場預期變動的機率。

第五章到第九章（PART2〈開始執行〉）會呈現應用這些構想的方法。第五章、第六章和第七章描述的預期投資法流程三步驟是這本書的核心。第五章介紹了第一個步驟，即如何估計支撐公司股價的市場預期。這個步驟讓投資人能夠在不需要進行長期預測的情況下，利用現金流量折現模型的優勢。第六章將前幾章的工具整合起來，用來找出當前市場預期可能出現的修正，而投資機會正是奠定於這些修正之上。第七章是這個流程的最後一個步驟，是要建立一個買進、賣出和持有股票的決策標準。分析大多數公司股票時，你只需運用預期投資法的這三個步驟即可。

某些公司，包括那些正在經歷巨變的新創公司或既有公司，都需要進行額外的分析，因為僅憑現有事業的現金流量無法證明股價是否合理，第八章介紹實質選擇權的方法，用來估計這些公司在未來不確定機會中的潛在價值。第九章把公司分成實體產品型事業、服務型事業或知識型事業等類別，每個類別都有不同的特徵，我們會呈現出預期投資法如何應用在跨經濟領域裡的所有公司。

　　最後，在第十章到第十二章（PART3〈解讀企業訊號和投資機會〉），我們會檢視併購、買回庫藏股和公司行動或事件，這些事件往往能提供投資人關鍵的投資訊號。第十章說明如何透過超越盈餘、專注於價值的方式來評估併購交易，並揭示管理階層的併購策略如何反映出公司未來的發展前景。第十一章討論買回庫藏股，這是一個經常被誤解的話題，並且介紹買回庫藏股的黃金法則。第十二章回顧預期修正的機會來源，這是根據我們應用預期投資法概念的經驗所得出的結果。

　　歡迎造訪我們的網站：www.expectationsinvesting.com。

第一章

一切從股價開始

　　對於市場預期一家公司未來的財務表現，股價是最清楚、最可靠的訊號。投資成功的關鍵在於估計隱含在目前股價中的預期業績水準，然後評估這些預期是否有可能修正。大多數投資人都會同意這些構想，但只有少數人可以正確執行這個過程。

　　打開 CNBC 頻道或閱讀任何流行的財經雜誌，你會得到一個熟悉的故事。成長型基金經理人會解釋說，她在尋找經營良好、盈餘成長快速、本益比合理的公司。價值型經理人則是會頌揚以低本益比買進高品質公司的優點。這些事情每天都在發生。

　　但是想想這些投資人實際上說出的話。當成長型基金經理人買進一檔股票時，她是打賭股票市場並沒有完全反映公司的成長前景。價值型基金經理人則是打賭市場低估這家公司的內在價值。在這兩個案例中，他們相信市場目前的預期是錯的，而且股價很可能會向上修正。

　　儘管投資人確實在談論預期，但他們通常談的是錯誤的預期。錯誤落在兩個地方，投資人不是不了解市場預期的基礎架構，就是對預期的基準點缺乏準確的判斷。

　　關注短期盈餘是一種錯誤的策略，因為短期盈餘無法有效衡量市場對股票的真正估值。然而，即便採用正確經濟模型的投資人，往往也會失準，因為他們無法將自己的預期與市場的預期進行比較。如果不清楚目前的市場預期在哪裡，就很難預測未來的市場預期會如何變化。

　　本書的核心主題是，能夠正確解讀市場預期並預測這些預期的修正，是取得出色長期報酬的關鍵。股價表達出投資人的集體預期，而且這些預期的改變會決定投資是否會成功。

　　從這個角度來看，股價是等著你打開和使用的資訊大禮，如果你已經清楚了解當前的預期，你就能評估他們可能會去哪裡。就像是偉大的曲棍球運動員韋恩‧葛雷茲基（Wayne Gretzky）一樣，你可以學習「滑到曲棍球要去的地方，而不是曲棍球去過的地方」。[1] 這就是預期投資法。

　　與傳統方法截然不同的是，預期投資法是一套選股流程，利用市場自己的訂價機制（現金流量折現模型），而且有個重要的差別：預期投資法不是預測現金流量，而是從解讀股價中隱含的市場預期開始。[2] 它還顯示出預期的修正如何影響股價。簡單來說，預期投資法是使用正確的工具來評估正確的預期，進而做出正確的投資選擇。

為什麼選擇在現在來討論呢？我們之所以需要將股價中隱含的市場預期納入投資決策，是因為當前面臨的風險比以往更加嚴峻。考量以下的情況：

- 將近 6000 萬美國家庭，也就是幾乎二分之一的家庭都擁有共同基金。還有更多人直接持有股票或透過自主管理的退休帳戶參與股市，或者透過退休金計畫間接持有股票。在世界各地，預期投資法可以提供投資人一套選股的完整架構，或最起碼可以提供一套有效的標準，幫助投資人評估他們雇用的基金經理人的決策。

- 使用過時分析工具的基金經理人面臨績效不佳和失去管理資產的風險。舉例來說，隨著企業在無形資產上的投資超過了有形資產，每股盈餘的重要性已經大幅降低。

- 預期投資法適用整個經濟界（實體產品事業、服務型事業和知識型產品事業）與各種投資風格（成長型與價值型）。

● 因為低交易成本或無交易成本、資訊取得更便利，以及對主動型基金經理人令人失望的績效所吸引，一些散戶避開共同基金，轉而管理自己的投資。如果你目前正在管理自己的投資，或是考量這樣做的可能性，預期投資法能夠讓你提高取得優異報酬的機率。

● 現在，比以往更需要謹慎評估併購融資、買回庫藏股和股權激勵發行新股等公司重大決策對股價的影響。發行股票或買回庫藏股的決策也許會提供市場一個修正預期的訊號，而預期投資法提供一套解讀和評估這些修正是否合理的方法。

預期投資法是一套在公司財務原則上的實務應用，很多公司幾十年來一直在使用。這個過程也融合價值創造和競爭策略分析的概念。我們把這些構想整合到一個強大的投資人工具包中。

主動投資要成功非常困難。各國證券法規都致力於同時向所有投資人提供重要資訊，這讓投資人難以取得資訊優勢。此外，持續的創新、日益激烈的全球競爭，以及如 2020 年全球疫情這

樣無法預測的外部衝擊，都使不確定性顯著增加。而預期投資法
能將這種高度不確定性轉化為投資機會。

主動投資的挑戰與機會

大多數法人和散戶的投資報酬率都低於反映 S&P500 指數等
大盤指數的被動型基金。事實上，約有三分之二的主動型大型股
基金經理人在每年的平均績效上落後 S&P500 指數，而近 90% 的
基金在十年內的績效表現不如該指數。[3]

投資績效在扣除手續費前是一個零和遊戲，因為打敗大盤的
投資人收益，會與打輸大盤的投資人虧損抵銷。在這樣的世界，
我們預期專業的投資人會獲利，不專業的投資人會虧損。但是這
個任務已經變得更加困難。舉例來說，衡量績效最好與績效最差
的經理人差異是超額報酬的標準差，這個數字自從 1970 年代以
來就一直在縮減，儘管投資人的絕對專業已經提高，但是投資人
之間的相對專業卻在拉近。[4]

為什麼法人的績效會低於被動投資？主動投資真的能帶來額
外報酬嗎？如果可以，哪種策略最有可能提供優異報酬呢？

在我們回答這些問題之前，先釐清一個重要事實：專業管理

的基金表現不佳，並不是因為主動投資本身有問題，而是因為許多專業人士採用了效果不佳的策略。[5] 我們相信預期投資法是一套強大的流程，可以幫助投資人實現優異報酬。

我要說清楚，主動投資並不容易。如果你想要避免表現得比大盤差，而且又對大盤的績效很滿意的話，你應該選擇低成本的指數型基金和 ETF。即使是最精明勤奮的投資人也很難持續打敗市場，而且預期投資法並沒有提供致富的捷徑。但是這個方法可以幫助所有主動選股的投資人發揮潛力。

現在，讓我們看看法人表現不如被動投資的四個主要原因，包括工具、成本、動機和投資風格局限。我們將展示預期投資法如何減輕這些限制的影響。

▌工具

標準實務：大多數投資人使用會計為主的工具，像是短期盈餘和本益比。這些衡量指標天生就有缺陷，而且隨著許多公司愈來愈仰賴以無形資產創造價值，而非有形資產創造價值時，這些指標愈來愈不實用。本章最後一節會詳細說明把盈餘當作市場預期不當的代理變數會有什麼缺點預期投資法引進金融理論來確認市場的預期。然後利用適當的競爭策略架構，幫助投資人預測預期的修正。

▎成本

標準實務：已故的先鋒集團（The Vanguard Group）創辦人約翰‧伯格（John Bogle）找出共同基金的表現與成本的關聯，證實「想要績效在前四分之一，最可靠的途徑就是費用在最低的四分之一」。[6]主動管理的美國基金，資產加權費用率占資產價值大約 0.68％。相對而言，被動管理的基金相同的費用率占資產價值 0.09％。[7]

預期投資法對買賣股票建立嚴苛的標準，因而使股票投資組合的周轉率更低、降低交易成本，而且減少稅負。

▎動機

標準實務：基金受益人通常會把每季報酬與標準普爾 500 指數等基準指數的表現拿來比較。基金經理人通常會擔心，如果沒有達到他們可接受的短期績效，就會失去大量資產，甚至有可能失去工作。短期無法承受的痛苦會影響長期獲取優異報酬的機會。很多經理人自然會執著在短期相對報酬。

這樣的結果讓基金經理人從專注於辨識錯誤定價的股票，轉變為努力將績效與基準指數的差異降到最低。確實，在最近幾十年來，衡量投資組合與基準指數表現差異的「主動投資比例」（active share）持續下降。這降低了基金超越基準指數和指數型基金的機率。

預期投資法會改善長期打敗基準指數的機率，提供基金經理人可以突破這個體系，並採納更為有效的分析工具。

▌投資風格局限

標準實務：大多數專業的基金經理人會把自己的投資風格歸類為成長型或價值型。成長型的基金經理人專注在營收和獲利快速成長，而且一般會買賣本益比很高的公司。價值型基金經理人則是尋找股價大幅低於預期價值、而且本益比通常較低的公司。重要的是，產業內的投資顧問不鼓勵基金經理人偏離他們既定的投資風格，這限制了基金經理人可投資的股票範圍。

預期投資法不會區分成長型和價值型。基金經理人只是依據特定的投資政策，追求最大的長期報酬。就像華倫・巴菲特充滿說服力的說法：「市場評論員和投資經理人口口聲聲把『成長型』和『價值型』投資風格視為有鮮明差異的投資方法，這只是顯示出他們的無知，而不是他們的見多識廣。成長只是價值方程式的組成部分，通常是加分項，有時也會扣分。」[8]

預期投資法不僅有助於辨識出價值低估的股票，而去買進或持有，還能辨識出價值高估的股票，在投資人的目標範圍中避開或賣出。

預期投資法是否會為專注而有見識的投資人提供取得優異報酬的合理機會？我們認為是這樣沒錯。

1976 年，投資業界的傑出領導人傑克・特里諾（Jack Treynor）將構想區分為「涵義直接明確的構想」與「需要反思、判斷、特殊專業等等來做出評估的構想」。他認為，後者的構想是「對『長期投資』唯一有意義的定義。」[9]

當一家公司宣布獲利不符預期、併購、一種新藥或政府採取的反壟斷行為時，這些事件對公司長期價值的影響往往並不明顯。不過投資人會很快評估對目前股價有利或不利的影響，並以此為根據進行交易。毫不意外的是，在這些消息宣布之後，交易量通常會增加。股價的波動和交易量的增加證實，投資人很快會對這樣的資訊做出反應。但是區分贏家和輸家的並不是他們的反應有多快，而是他們理解這項資訊的程度。投資人對相同的資訊有不同的解釋，而且有些解釋比其他解釋來得好。

換句話說，股價很快反應出預期的修正、但也許會錯估預期。為了投資成功，投資人必須先熟練對預期的解讀，然後使用可取得最好的工具來決定今天的預期是否會改變，以及如何改變。歡迎來到預期投資法的世界。

預期投資法流程

在接下來的章節中，我們會仔細帶你完成預期投資法的三個步驟。

▌第一步：估計股價中隱含的預期

我們首先利用長期現金流量折現模型來解讀股價中隱含的市場預期，這與傳統上從預測盈餘或現金流開始估算價值的方法相反。這種逆向分析的好處包括：

● 長期現金流量折現模型是解讀預期的適當工具，因為它反映出市場對股票訂價的方法。

● 預期投資法能夠在不需要預測長期現金流量的情況下，
讓投資人運用現金流量折現模型的力量，解決他們在不
確定性加劇的世界中所面臨的兩難。

● 投資人無需提前決定是否有投資機會，因為目標是先了
解市場對財務預期的定價。

▌第二步：辨識預期的投資機會

一旦我們估計當前的市場預期，就可以應用適當的策略和財
務工具來決定預期可能會發生修正的地方和時間點。以下是使用
這個方法的好處：

● 預期投資法是一種方法，展現出股價對公司的銷售、營
業成本或投資需求的修正是否敏感，幫助投資人集中精
力在最有可能發生修正的關鍵因素上。

● 預期投資法應用了最佳的競爭策略框架，協助投資人尋
找潛在的預期修正機會。

● 預期投資法提供一套通用工具，用來評估所有上市公司

和私人擁有的公司，包括依賴有形或無形資產的公司、價值型或成長型公司、已開發市場或新興市場中的企業，以及新創公司或成熟企業。因此，預期投資法可廣泛應用於所有公司。

▎第三步：買進、賣出或持有？

最後，這個流程界定明確的買進和賣出決策標準。重要的特徵包括以下幾點：

● 潛在的買進標的必須有明確的「安全邊際」（margin of safety），也就是夠低於預期價值的折價，以彌補分析錯誤或運氣不佳可能帶來的風險。同樣地，潛在的賣出標的必須高於預期價值，達到足夠的溢價。

● 行為金融學的重要見解可以幫助投資人避開決策陷阱。

● 設定嚴格的買賣標準可以降低交易成本和所得稅支出。

傳統分析不再有效

1938 年，約翰・伯爾・威廉斯（John Burr Williams）出版一本名為《投資價值理論》（*The Theory of Investment Value*）的書，開創性的闡述現金流量折現模型在建立價值上的有效性。威廉斯充滿說服力的解決投資人對長期現金流量折現模型太過複雜、不確定與不切實際的擔憂。[10] 儘管從那時之後，金融理論已經有出色的進展，但是很多投資人仍然放棄這個模型，以及使用所有可取得的金融工具和策略工具來應用這個模型。

接下來幾章將完整介紹預期投資法，並展示其相較於常見投資工具的優勢。然而，有三個在投資界普遍存在的誤解需要在此特別說明，包括：

1. 市場採取短期的觀點。
2. 每股盈餘（EPS）決定公司的價值。
3. 本益比（P/E ratio）決定公司的價值。

這些謬誤導致投資人去追逐錯誤的預期，並有可能導致績效不佳。現在就來逐一檢視這些誤解。

▋ 事實 1：市場採取長期的觀點

大多數投資人和企業經理人認為，股價的基礎是短期的財報盈餘，而不是長期的現金流量。為什麼？有三種合理的解釋。

首先是誤解股市對盈餘公告的反應。當季度盈餘公告為投資人提供了公司長期現金流量前景的新資訊時，股價才會發生變化。但是市場並不會對財報的盈餘做出機械性的反應。相反地，它會根據出乎意料的盈餘結果以及管理層對未來盈餘的預期調整，來作為修正公司未來現金流預期的依據。如果市場把讓人失望的盈餘表現或盈餘預期解讀為長期衰退的訊號，就會導致股價走低。[11]

其次，擁有優異長期前景的企業，股價未必總能帶來優異的股東報酬。對於股價已經充分反映公司業績的股東來說，他們只能期望獲得市場要求的報酬率。精明的投資人能通過預測公司競爭地位的變化，並抓住股價尚未反映這些變化所帶來的現金流量變動，賺取優異報酬。

最後，股市評論員經常以投資人持股相對較短來支持他們的信念，認定市場為短期導向。舉例來說，自 2000 年網路泡沫高峰以來，即使資產加權基金的周轉率一直在減少，高頻交易和量化交易基金在今天仍舊比過去幾代的表現更為突出。[12] 持有一檔股票只有幾個月、甚至幾天的投資人，會關心一家公司的長期前景嗎？

這個明顯的難題有個簡單的答案是：投資人的持股期間與市場投資的時間範圍並不同。要了解市場投資的時間範圍，你必須察看股價，而不是投資人持股期間。研究證實，你必須將預期現金流量延長到很多年，才能證明股價是合理的。投資人是對長期的表現下短期的賭注。

我們怎麼知道市場採取長期的觀點？最直接的證據來自股價本身。我們能夠估計今天股價所隱含的現金流量預期水準和持續期間。事實證明，大多數的公司需要可創造價值的現金流量超過十年，來證明股價是合理的。

間接證據顯示，今天的股價中有多少比例可以歸咎於未來五年預期的股息。以道瓊工業平均指數的成分股為例，大約只有10% 至 15% 的股價來自未來五年的預期股息。[13]

▍事實 2：每股盈餘幾乎無法說明公司的價值

不可否認，投資界和企業經理人都會關注每股盈餘。舉例來說，學者對公司財務長們進行調查，總結出他們對於財報的反應是：「盈餘為王。」[14]《華爾街日報》和其他媒體花了很多時間討論銷售成長、單季每股盈餘，以及本益比。對於盈餘公告這種廣泛傳播和頻繁出現的市場反應可能會讓一些人相信，財報盈餘就算不能完全決定股價，也會強烈影響股價。

然而，盈餘和長期現金流量之間的巨大差異，不僅強調了為什麼盈餘不能很好地代表市場預期，還說明了為什麼盈餘的向上修正並不必然會拉高股價。盈餘的缺點包括：

● 盈餘不包括資金成本的費用。

● 盈餘不包括支持公司成長所需的營運資本與固定資本投資增加。

● 公司可以使用同樣可接受的替代性會計方法來計算盈餘。

現金流量折現模型和股價說明了貨幣的時間價值：今天的一美元比一年後的一美元更值錢，因為我們可以拿今天的美元去投資，到隔年賺取報酬。當一家公司進行投資時，必須將其報酬率與其他風險相當的投資機會相比較。這種機會成本，或是說資金成本，是現金流量折現模型的折現率。相較之下，盈餘的計算忽略了這種機會成本和金錢的時間價值。

在現金流量折現模型中，只有當公司新投資的報酬率超過資金成本時，才能真正創造價值。關鍵在於，公司即使在投資的報酬率低於資金成本的情況下，也可以增加盈餘。（本章最後的附註提供詳細的例子。）因此，更高的盈餘不一定會為公司帶來價值的提升。

考量第二個區別，即營運資本和固定資本的必要投資。盈餘並不會被認列為未來成長所需的現金流出，像是應收帳款、存貨和固定資產的增加。相比之下，現金流量折現模型包含所有現金流入與流出。舉例來說，速食休閒連鎖餐廳 Shake Shack 於 2019 年財報的淨利是 2410 萬美元，現金流量則是負 1670 萬美元（見表 1.1）。無論觀察短期或長期，第一個數字可以告訴你第二個數字的資訊非常少。

最後，很多公司可以使用各種可被許可的方法來決定盈餘。會計師認列一項商業活動的方式並不會改變商業活動本身，或是改變商業活動對股東價值的影響。

開明的會計師會爽快地承認，無論是他們個人還是他們的慣例，都不具備在企業估值上相對的優勢。公司財報的作用在於提供估值所需的有用資訊。

營收認列，以及費用與營收的搭配，是決定盈餘的兩個基本

表 1.1 Shake Shack 公司的盈餘與現金流量認列對帳單

（2019 年，單位：千）

	盈餘	調整	現金流量
銷貨收入	$594,519		
＋應收帳款改變		10,726	$605,245
營業成本	（446,607）		
－其他資產增加		（8,583）	
＋其他負債增加		（19,595）	（474,785）
＋折舊與攤銷費用		40,704	
－非現金租賃成本		40,068	
－資本支出		（106,507）	（25,735）
＋股權激勵制度支出		7,505	
總務與管理費用	（65,649）		
折舊	（40,392）		
開業前成本	（14,834）		
其他成本	（1,352）	968	（113,754）
其他所得，淨值	2,263		
利息費用	（434）		1,829
所得稅費用	（3,386）		
－遞延所得稅		（6,064）	
認股權應稅收入減免			（9,450）
財報淨利	$24,128		
現金流量			（$16,650）

資料來源：Shake Shack 年報

步驟。一家公司在交付產品或服務時認列營收，而且可以合理地確認從客戶手中收到的金額。然後在認列營收的期間，將產生這項營收所需的成本認列為費用。換句話說，費用與營收搭配。這種搭配原則在概念上很容易理解，但是在執行上可能完全是隨機的行為。

會計準則在營收認列、折舊方法與庫存會計上讓企業有自由選擇的空間，這只是幾個例子。

▌事實 3：本益比來自公司價值

投資界最喜歡的價值評估指標就是本益比。[15] 這是衡量投資人為一檔股票付出的價格是否合理，也就是股價（price, P）除以公司每股盈餘（earnings per share, E）的倍數。投資人把這個數字納入一個看似簡單的價值評估公式：

每股股東價值 = 每股盈餘 × 本益比

由於可以得到每股盈餘的估計值，投資人必須決定只以適當的盈餘倍數來確定股票價值，然後把股票的價值與目前股價比較，並評估股價是否低估、高估，或是與評估的價值相當。這個計算很容易，但是結果卻讓人失望。

仔細看這個公式。因為我們知道去年的每股盈餘或大家對明年每股盈餘估計值的共識，所以我們只需要估計適當的本益比。但是因為我們有分母（每股盈餘，E），唯一不知道的是適當的股價，也就是P。因此，我們留下一個沒有用處的套套邏輯：為了估計價值，我們需要價值的估計值。

這種有缺陷的邏輯強調一個基本觀點：本益比不會決定價值，而是來自於價值。本益比分析不是分析的捷徑，而是經濟的困境。

重點整理

- 能夠解讀市場預期並預測這些預期變動的投資人，很有可能會得到優異的投資報酬。
- 預期投資法利用強大的現金流量折現模型，但卻是從價格開始，接著解決現金流量預期的問題。
- 玩盈餘預期遊戲的投資人很有可能會虧錢，因為短期盈餘並無法反映市場評價股票的方法。

盈餘成長和價值創造

讓我們看看為什麼盈餘成長和股東價值成長並不是同義詞。以一家叫做盈餘成長的公司為例。為了簡化計算,假設這家盈餘成長公司沒有債務,而且不需要增加投資。因此盈餘和現金流量會相同。這些簡化的假設並不會影響分析的結論。盈餘成長公司最近一年的損益表如下:

	(百萬美元)
銷售金額	$100
營業費用	85
營業利益(15%)	15
稅(20%)	3
盈餘	$12

假設這家公司在可預見的未來會維持當前的銷售水準和毛利。以 8% 的權益資金成本計算，盈餘成長公司的股東價值是 1200 萬美元除以 8%，也就是 1.5 億美元。

現在，讓我們假設盈餘成長公司今天有機會以內部產生的現金投資 1500 萬美元，這會使銷售金額增加 10%，同時稅前毛利率維持在 15%。以下是盈餘成長公司明年與隨後幾年預計的損益表：

	（百萬美元）
銷售金額	$110.0
營業費用	93.5
營業利益（15%）	16.5
稅（20%）	3.3
盈餘	$13.2

盈餘成長公司的股東價值現在是 1.65 億美元（1320 萬美元除以 8%）減去 1500 萬美元的投資，也就是 1.5 億美元（1.65 億美元 −0.15 億美元 = 1.5 億美元）。注意，儘管盈餘成長 10%，股東價值依然相同，因為 1500 萬美元的投資使那年的稅後現金流量增加 120 萬美元，如果折現率是 8%，那麼股東價值剛好是 1500 萬美元。當增加的現金流量的現值與投資的現值相同時，股

東價值並不會改變。

當新投資產生的報酬比資金成本低時，即使盈餘增加，股東價值也會減少。舉例來說，假設盈餘成長公司明年的銷售會成長20％到3000萬美元，然而，在增加的銷售中，稅前毛利率是10％，而不是之前預計的15％。以下是明年和隨後幾年修正後的損益表：

	（百萬美元）
銷售金額	$120.0
營業費用	103.0
營業利益（15％）	17.0
稅（20％）	3.4
盈餘	$13.6

雖然盈餘從1200萬美元成長到1360萬美元，成長13.3％，但是股東價值是1.7億美元（1360萬美元除以8％）減去3000萬美元的投資，也就是1.4億美元。即使盈餘成長，股東價值仍比之前減少了1000萬美元（1.5億美元 −1.4億美元 = 1000萬美元）。

股價與盈餘成長的關係很弱。相反地，對未來現金流量的預期變動，會導致股東價值與股價改變。因此，財報盈餘的成長，即使伴隨股東價值的增加，也可能使投資人的預期降低，引發股價下跌。

PART 1

打開工具箱

第二章

市場如何評價股票？

　　傳統的現金流量折現法要求先預測未來的現金流量，再以此估計股票的價值。預期投資法把這個流程倒過來。從股價開始，這是一個豐富但常被忽視的資訊來源，並藉此推算出能夠支撐股價的現金流量預期。反過來，這些預期可以作為買進、賣出或持有股票的決策基準。

　　在深入探討預期投資法之前，我們需要確定我們正在追蹤的是正確的預期。因此我們必須回答一個基本的問題：金融市場的價格是否真正反映出預期的未來現金流量？

正確的預期

我們回到第一個事實，來看為什麼股票市場把預期建立在長期現金流量上。今天的一美元比未來的一美元更有價值，因為你可以把今天的一美元拿來投資，賺到投資報酬。這個過程稱為「複利」。複利的相反則是「折現」，這是將未來的現金流量轉換成相當於今天的價值。資產的現值是將其預期現金流量，按照預期報酬率進行折現後的總和。這個預期報酬率反映了投資人在相同風險的資產上所期望獲得的收益。現值即是投資人願意支付的最高價格。[1]

現金流量折現模型為所有運作良好的資本市場設定價格，包括債券和房地產市場。舉例來說，債券發行人以合約設定票面利率、本金還款金額與到期日。債券價格是以當期預期報酬率折現後，合約的現金流量現值。當有可能出現通貨膨脹，或是公司的信貸品質導致更高或更低的預期利率時，債券的價格會跟著改變。市場會設定價格來讓預期報酬符合感受到的風險。

現金流量折現模型也適用於商用房地產市場的訂價。當帝國大廈（Empire State Building）在 1990 年代初期公開出售時，房地產專家將市值訂在大約 4.5 億美元左右。然而，由於這棟大廈的長期主租約的價格低於市場行情，購買價格大約在 4000 萬美元。不管它多麼知名，或是處於黃金地段，都無法設定帝國大廈的價格，它的現金流量折現價值就是這樣。[2]

考量現金流量的規模、時機和風險條件，會決定債券和房地產的價值，我們可以預期這些變數也會影響股價。問題是股票的投入要素不太確定。債券在合約上明確指出現金流量和償還本金的日期，而股票的現金流量不確定、存續無期限，而且沒有還款準備金。這種更大的不確定，使得股票比債券更難估計價值。

這是否意味著我們不應該用現金流量折現法來評價股票？當然不是，畢竟，投資人在購買任何金融資產時所獲得的報酬，取決於他們擁有資產時獲得的現金流量，加上賣出資產時獲得的收益。我們在第一章提到的約翰‧伯格對現金流量折現法的看法是：「投資的報酬**必定**是基於未來現金流量，這只是遲早的問題。畢竟，任何股票市場存在的目的只是要提供股票的流動性，以換取對未來現金流量的承諾，使投資人能夠隨時將未來各期收入的現值變現。」[3]

大量實證研究顯示，市市場決定股票價格的方式與其他金融資產類似。具體來說，這些研究顯示兩種關係。首先，市場價格會對一家公司的現金流量前景的改變做出反應。其次，市場價格會很好地反映未來的現金流量。就像之前提過，許多公司為了證明其股價合理，往往需要擁有至少十年能夠創造價值的現金流量。對於具有強大競爭優勢的公司，這個期間可能需要長達二十年。

然而，大多數基金經理人、證券分析師和散戶都避開預測長期現金流量的困難，他們反而專注在近期盈餘、本益比等相似指標上。這些指標只有在能夠準確反映公司未來現金流量時，才有助於找出被低估的股票。然而，這些僅針對近期表現的靜態指標無法預測未來表現，最終會讓投資人感到失望，尤其是在以激烈競爭與破壞性技術為標誌的全球經濟中。如果不評估一家公司未來的現金流量，投資人就無法有力地判斷該股票是否被低估或高估。

股東價值路線圖

我們需要定義現金流量，並顯示出如何用它來計算股東價值。圖 2.1 描繪股東價值路線圖，可以作為估計股東價值的指南。它顯示以下的關係：

● 銷售成長與營業利益率決定營業利益。

● 營業利益減掉現金稅負會得到稅後淨營業利益（net

operating profit after taxes, NOPAT）

● 稅後淨營業利益減掉營運資本和固定資本投資，會等於
自由現金流量。自由現金流量可以被認為可用於支付債
權人和股東所有權的現金池。

● 以資金成本折現的自由現金流量會決定公司價值。

● 公司價值加上非營業項目資產，減掉債務和其他相關負
債的市場價值，會等於股東價值。

這些關係描述了標準的現金流量折現法，即通過估計現金流量
來確定股東價值。而預期投資法則反轉了這個過程，從股價（可能
與實際價值不同）開始，並推算出股價中隱含的現金流量預期。

自由現金流量

我們可以使用熟悉的財報變數來估計市場對未來自由現金流
量的預期，非常方便。再看一次圖 2.1。三個經營價值驅動因子
（銷售成長、營業利益率和投資增加率）與一個價值決定因子（現
金稅率）決定自由現金流量。我們認為銷售成長、營業利益率和
投資增加率是經營價值驅動因子，因為他們受管理決策的影響很

大。價值決定因子則由外部力量決定，例如政府和金融市場。

下面是計算預測期間第一年自由現金流量的預測方法。假設去年的銷售金額是 1 億美元，而明年的預期如下：

銷售成長率	10%
營業利益率	15%
現金稅率	25%
固定資本投資增加	150 萬美元
營運資金投資增加	100 萬美元

我們計算的自由現金流量如下：

銷售金額	1.1 億美元
營業利益＝銷售金額 × 15%	16.50
減去：現金稅＝營業利益 × 現金稅率 ＝ 16.50 × 25%	（4.13）
稅後淨營業利益	12.38
固定資本投資增加	（1.50）
營運資本投資增加	（1.00）
減去：總投資	（2.50）
自由現金流量	988 萬美元

銷售數字與損益表的第一行數字相同。銷售成長率只是逐年的比例改變。營業利益率是息前稅前營業利益對銷售金額的比例。因為我們想要計算現金流量，所以我們排除收購無形資產的

圖 2.1 股東價值路線圖

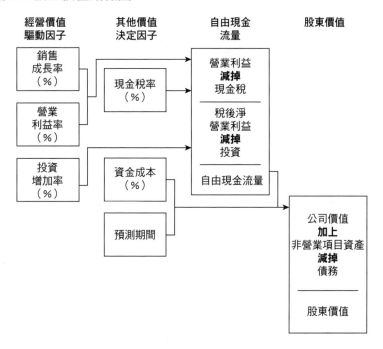

攤銷，因為這是一項非現金費用，我們也排除租賃費用中內含的利息，因為這應被認列為融資成本。[4] 折舊費用依然是營業利益率計算中的一部份，即使那是一項非現金項目。但是我們不能忘記這點：我們要從資本支出中扣除折舊費用，這樣自由現金流量才是真正的現金數字。

至於稅，在特定期間，損益表的所得稅費用，也就是帳面上的稅，往往會比實際上付出的稅，也就是現金稅來得高。這是因為各個公司可能會在不同時間為了作帳與稅負的目的，認列一些營收和費用項目。

　　舉例來說，公司可能會為了作帳目的而使用直線折舊法，為了稅負目的使用加速折舊法。因為加速折舊會比折現折舊還快，這會增加公司的費用並減少現金稅負。股權激勵制度可能也會在現金和財報的稅負上創造時間差異。因此，現金稅率通常會低於帳面上的稅率。[5]

　　現金稅率代表在營業利益上付出的稅，而不是在稅前淨利上付出的稅。因此，計算一家完全以權益注資的公司所支付的稅款，必須要消除利息費用和營業外收入或費用的稅負影響。移除利息費用減免的稅務利益，這是利息費用乘上稅率，以及增加現金稅單，並移除非營業所得的稅負所減少的營業利益稅。

　　現金稅率是指公司在營業利益上所需繳納的稅，而不是稅前淨利上的稅。因此，要計算一家完全由權益資金支持的公司所需繳納的稅款，我們必須排除利息費用和營業外收入或費用的稅負影響。排除利息費用減免帶來的稅務優惠（即利息費用乘以稅率），這會增加公司實際應繳的現金稅額；同時，排除營業外收入部分的稅金，則會減少公司因營業利益而需繳納的稅額。

　　我們現在得出稅後淨營業利益。為了完成這趟得出自由現金流量的旅程，我們必須減去增加的投資。投資是今天的支出，並預期這樣的支出會在未來會產生現金流量，讓投資具有經濟價值。標準項目包括固定資本投資、營運資金改變，以及併購。

讓我們從固定資本投資開始，這包含資本支出和折舊費用。為了觀察到市場預期，我們應該使用提供長期預測的公開服務，像是《價值線投資調查》（Value Line Investment Survey）和分析師的預測，來估計一家公司的固定資本投資增加率。這個數字是指每增加一美元的銷售金額所需要的固定資本投資數量。我們的計算方式是把資本支出減去折舊費用，除以同個期間預測的銷售量改變。[6]

我們扣除折舊，因為它大致相當於維持現有生產能力所需的支出。因此，我們只將超過折舊部分的資本支出視為額外的投資。舉例來說，如果這個比例是 15％，那麼第一年的銷售金額從 1 億美元增加到 1.1 億美元時，會產生 150 萬美元的固定資本投資增加（15％＝ 150 萬美元／ 1000 萬美元）。

歷史投資率在評估預期投資上的有用程度取決於多個因素，包括公司產品組合的穩定性、技術變革，以及公司藉由提高銷售價格或更有效地利用固定資產來抵消固定資本成本的增加。根據相關資訊調整後的歷史投資率是判斷預測的投資率是否合理的有用起點。

相較於銷售金額的變化，營運資金的變化決定了一家公司增加的營運資金投資率。營運資金等於流動資產減去無附息的流動負債（non-interest- bearing current liabilities）。流動資產主要包括應收帳款和存貨，而無附息的流動負債則主要是應付帳款和應計負債。流動資產中不應包含超出公司經營需求的現金。隨著公司事業成長，營運資金通常也會按比例增加。

這個比例是以銷售金額的百分比呈現營運資金的變化。舉例來說，如果營運資金投資增加率是 10％，那麼銷售金額增加 1000 萬美元會導致營運資金投資增加 100 萬美元（10％ = 100 萬美元／ 1000 萬美元）。

營運資金的變化，凸顯盈餘和現金流量之間的另一個差異。舉例來說，應收帳款從年初到年底的增加，顯示公司在這一年中實際收到的現金少於其銷售額。出於會計目的，公司在交付商品或服務時會認列銷售金額，但從估值的角度來看，重要的是公司何時實際收到現金。

同樣地，存貨一般會隨著銷售增加而增加。存貨增加，就需要現金支付原料、人工和管理費用。由於銷貨成本中並不包含這些額外的現金支出，因此我們必須將這部分納入營運資金投資。

營運資金最後的部分是應付帳款和應計負債，它們在會計上與應收帳款和存貨相對應。應付帳款和應計負債代表的是那些已經在損益表中認列，但尚未支付的費用。由於公司在認列部分費用後才會支付現金，因此應付帳款的增加會減少當年的現金支出和營運資金的投入。

的確，一些企業擁有的無附息流動負債超過流動資產，這意味著只要持續成長，營運資金就可能成為現金的來源。亞馬遜（Amazon.com）就是一個典型例子，這家公司使用營運資金來為擴張進行融資。因為這家公司通常會在向供應商付款之前，先從客戶那裡收到現金。因此，營運資金成為了現金的來源，而非投資支出。有些公司在合併和併購上的支出始終比固定資本和營運資本高。第十章專門討論併購被認列為資金配置的重要性。在這裡，我們將討論的重點限制於固定資本和營運資金投資，因為併購的時機、規模以及成功的可能性都難以預測。

在討論投資增加時，我們必須認識到，無形資產投資在過去幾十年裡的成長速度比實體資產投資更快。由於無形資產投資被列為費用，各公司做出的投資出現在損益表、而非資產負債表的情況愈來愈多。舉例來說，將一位研究人員的假設應用在微軟2020年財政年度的財報會發現，微軟在研發和其他無形資產的投資上花了 340 億美元，而在資本支出上花了 154 億美元。[7] 重要的是，自由現金流量並沒有受到會計人員在哪個報表認列投資所影響。

在預測期間的自由現金流量只占公司價值的一小部分。畢竟，公司的現金流量不會在預測期間結束時神祕的消失。持續價值（Continuing value），也稱為最終價值（terminal value）或剩餘價值（residual value），是指預測期結束後的自由現金流量的價值，通常占公司總價值的很大一部分。

估計持續價值最好的方法是什麼？我們建議你使用以下四種方法來搭配分析你正在分析的企業，包括：永續法（perpetuity method）、永續並有通膨法（perpetuity-with-inflation method）、永續並有部分通膨法（perpetuity with-partial-inflation method），或是永久衰退法（perpetuity-with-decline method）。（本章附錄會幫助你決定去使用哪種方法。）前三個方法假設一家公司產生的報酬比資金成本高，這會吸引競爭對手，最終在預測期間結束時報酬下降到資金成本。此外，它們假設一家公司可以在預測期間結束時還是能維持稅後淨營業利益（NOPAT），而且未來的投資無法創造價值。這個方法並沒有顯示一家公司不會成長，只是表示額外的成長並不會增加股東價值。

第四種方法，永久衰退法，預測稅後淨營業利益會隨著時間而縮減。這適用於處於衰退產業的公司。

永續法意味著稅後淨營業利益在名目上保持不變。永續並有通膨法假設自由現金流量在預測期間之後會以通貨膨脹率來成長，這顯示稅後營業利益實際上會維持實質水準。[8]永續並有部分通膨法意味著這家公司可以維持一些訂價權。沒有單一的持續價值法適合所有情況，而且你選擇的方法應該與你對預測期間結束時企業競爭地位的假設一致。[9]

我們現在知道如何將熟悉的財報指標轉化為自由現金流量，要將自由現金流量轉換為公司價值，我們必須估計適當的折現率，也就是估計資金成本。

金融機構

在這章中，我們建議你使用企業的現金流量折現法來解讀市場預期。這個方法透過估計值來決定公司價值，加上現金和其他非營業項目資產，再減去債務來計算股東價值。它適用於非金融公司。

相較之下，對你而言，解讀對金融服務公司的預期最好的方法是使用權益現金流量折現法。截至 2020 年底，金融服務公司，像是銀行、保險公司和券商，約占標準普爾 500 指數 13% 的成分股。權益法以權益資金成本為股東將未來的現金流量折現。由於金融服務公司使用資產負債表的負債面來創造價值，透過在計算上與企業現金流量折現法相等的方式，權益法會更為直觀。

此外，即使是在金融服務中，不同的商業模式還是需要不同的方法。例如，銀行與保險公司的預期模型就有所不同。

儘管有這些區別，我們在這本書開發的預期投資技巧還是可以應用在所有公司。但是，你可能需要稍微調整成適當的模型，以最好的方式理解建立在金融服務公司股票的預期。

資金成本

加權平均資金成本（WACC）是折現自由現金流量時應使用的合適比率，因為它同時考慮了債務和股東權益的成本。舉例來說，假設你估計一家公司稅後債務成本為 4.0%，而股東權益成本為 9.0%。這家公司計畫以 20% 的債務和 80% 的股東權益進行融資。那麼，你計算出的資金成本將會是：

	權重（%）	成本（%）	加權成本（%）
債務（稅後）	20	4.0	0.8
權益	80	9.0	<u>7.20</u>
資金成本			8.00

資金成本包含債權人與股東的預期報酬，因為這兩群人都聲稱對自由現金流量有所有權。這種做法是合理的，因為自由現金流量是在扣除利息費用之前計算的。加權平均資金成本考慮的是，根據各團體對公司融資貢獻的比例來計算其相應的報酬。

在計算資本結構的權重時，你應該使用市場價值，而非帳面價值。這是因為債權人和股東希望從其投資的市場價值中獲得與市場競爭力相符的報酬率。[10] 帳面價值只是反映過去的成本，通常與市場價值無關，因此與當前的投資決策也無關。

那麼，該如何估計債務和股東權益的成本呢？債務成本相對簡單，因為它是一項需要支付固定利率的契約義務。債務成本是公司今天為長期債務所需支付的利率。由於債務的利息支出可以抵稅，你可以使用以下公式來計算公司的債務稅後成本：[11]

長期債務到期的收益率 ×（1 －稅率）

估計股東權益成本很困難，因為公司並不會對普通股股東承諾支付固定的報酬率。儘管如此，投資人在購買或持有一家公司的股票時，還是會要求有一個隱含的報酬率。

理性的投資人預期賺到的報酬會與承擔的風險相對應。畢竟，風險是投資人為了投資機會所付出的代價。那麼，投資人需要多高的報酬率，才會願意購買一家公司股票呢？一個合乎邏輯的起點是將無風險利率與投資在高風險股票的額外報酬或股權風險溢酬（an equity risk premium）加總起來。[12]

公式 2.1

股東權益成本＝無風險利率＋股權風險溢酬

即使政府發行的證券也並非完全無風險。雖然它們基本上沒有違約風險，但還是會受到利率上升帶來的價值損失影響。在缺乏真正無風險證券的情況下，我們可以用美國十年期國債或類似的主權債務的報酬率來估計無風險利率。

股權風險溢酬是股東權益成本的第二項要素。個別股票的股權風險溢酬可以用市場風險溢酬乘上該股票的系統性風險（以 beta 係數衡量）來計算。[13]

公式 2.2

股權風險溢酬＝ Beta 係數 × 市場風險溢酬

Beta 係數用來評估一檔股票的報酬對整體市場變動的敏感程度。市場投資組合（譯註：大盤）的 Beta 係數是 1.0，Beta 係數大於 1 的股票波動比市場大，因此股權風險溢酬比市場風險溢酬高。舉例來說，如果在市場上漲或下跌 1% 時，一檔股票上漲或下跌 1.25%，那麼那檔股票的 beta 係數就是 1.25。同樣地，beta 係數小於 1.0、不過是正數的股票，走勢會與市場相同，但是波動幅度並沒有那麼大。你可以從很多來源得到 beta 係數，例如《彭博》、*FactSet* 和《價值線》（*Value Line*）。

最後一個變數是市場風險溢酬，它表示投資人期望通過持有一個風險分散良好的股票投資組合，而不是無風險的政府債券，所能獲得的額外報酬。要估計市場風險溢酬，可以將代表性市場指數（例如標準普爾 500 指數）的預期報酬率減去無風險利率。

公式 2.3：

市場風險溢酬＝預期市場報酬率－無風險利率

投資人應該基於市場風險溢酬來評估預期報酬率，而不是基於歷史報酬率來評估。使用歷史報酬率的投資人忽略市場風險溢酬會隨時間改變的事實。前瞻性的方法與最近的歷史數據顯示，股權風險溢酬會在4%至6%之間。[14]

公式2.4把所有部分合在一起，並提供一個計算股東權益成本的公式。

公式 2.4

股東權益成本＝無風險利率＋ Beta 係數 ×

（預期市場報酬率－無風險利率）

舉例來說，如果我們假設無風險利率是 1.5%，Beta 係數是 1.25，而且預期市場報酬率是 7.5%，那麼股東權益成本如下：

股東權益成本＝ 1.5% + 1.25（7.5% － 1.5%）＝ 9.0%

預期期間

再次回到圖 2.1，來了解預期期間的重要性。以資金成本折現的自由現金流量會決定未來自由現金流量在今天的價值。我們需要評估是市場在股票價格中扣留多少年的自由現金流量。

我們不同意以任意五年或十年的期間來估計價值的說法。預測期間應是市場預期公司在超過資金成本的投資上所能獲得報酬的時間長度。經濟理論和實證結果都顯示，創造超額報酬的公司會引來競爭，最終會使報酬趨近資金成本。

分析師在進行現金流量折現法時，通常會選擇一個太短的預測期間，如果你認為超過兩到三年的預測就是純粹猜測，那你就沒有掌握到重點。市場價格確實反映長期現金流量的預期。事實上，股票市場的歷史價格顯示，一個市場隱含的預期期間在五至十五年間。[15]

當然，不同產業的市場隱含的預測期間並不相同。我們還發現，在同一產業內，各家公司隱含的預測期間往往集中在相似的範圍內，儘管這些期間可能會隨時間改變。在第五章，我們會精確顯示出如何估計市場隱含的預測期間。現在的關鍵是要記住：股票市場抱持的是長遠的眼光。

從企業價值到股東價值

預測期間的自由現金流量現值加上持續價值，會等於企業價值。股東價值等於企業價值加上非營業項目資產，減去債務。

你可能想知道，為什麼我們對股東價值的計算包含非營業項目資產，像是超額現金、有價證券和其他對日常經營不重要的投資。這是因為它們具有價值，而且因為我們從計算現金流量中排除它們會產生的現金。超額現金是指高於或超出一家公司目前營運所需要的現金。公司有時候會囤積現金與有價證券，用來抵禦產業衰退，或是準備進行大規模的併購。

非營業項目資產可能占一家公司的股價很大的比例。舉例來說，在 2020 年底，微軟、波克夏海瑟威、Alphabet、蘋果公司各自擁有超過 1000 億美元的現金和有價證券。[16] 一些非營業項目資產擁有課稅收入（taxable gains），因此重要的是，要確保你在確認它們的價值時有把稅負考量進去。研究顯示，持有的現金很容易受稅負政策影響。[17]

一家公司日常經營需要的現金會因為產業不同而變化。一般來說，更為穩定與成熟的產業需要的數量很少，大約是銷售金額的 1％，而不太穩定且年輕的企業需要的數量接近銷售金額的 5％至 10％。

最後，我們減去債務的市場價值，得到股東價值。債務不僅包括債券，還包括特別股和不預先提存資金的退休金計畫（underfunded pension plans）。[18] 我們扣除特別股的價值，因為公司在將現金分配給普通股股東之前，通常必須先支付特別股股利。當退休金計畫的負債金額高於計畫資產時，我們會扣除這部分負債。由於公司最終要為未提存的金額負責，因此需要扣除資金不足的餘額來計算股東價值。[19]

摘要說明

這個計算股東價值的例子是從經營價值驅動因子的假設開始，最後得到股東價值。而預期投資法的流程則正好相反，它是從市場價值入手，並推導出價格隱含的預期。無論是從哪個方向出發，兩者的計算機制都是一樣的。

假設去年公司的銷售額為 1 億美元，且你預期以下經營價值驅動因子在整個五年的預測期間內都會保持不變：

銷售成長率	10%
營業利益率	15%
現金稅率	25%
固定資產投資率增加	15%
營運資金投資率增加	10%
資金成本	8%

假設這家公司沒有非營業項目的資產或負債。

股東價值為 2 億 5707 萬美元，這個數字包括預測期間內自由現金流量累積的現值 4744 萬美元，以及持續價值的現值 2 億963 萬美元（見表 2.1）。[20] 在在這個例子中，我們使用了永續並有通膨法，並假設通膨率為 2%。

表 2.1　摘要說明

	第一年	第二年	第三年	第四年	第五年
銷售金額	$110.00	$121.00	$133.10	$146.41	$161.05
營業利益	16.50	18.15	19.97	21.96	24.16
減：營業利益的現金稅負	4.13	4.54	4.99	5.49	6.04
稅後淨營業利益（NOPAT）	12.38	13.61	14.97	16.47	18.12
固定資本投資	1.50	1.65	1.82	2.00	2.20
營運資金投資	1.00	1.10	1.21	1.33	1.46
總投資	2.50	2.75	3.03	3.33	3.66
自由現金流量	9.88	10.86	11.95	13.14	14.46
自由現金流量的現值	9.14	9.31	9.49	9.66	9.84
自由現金流量累積的現值	9.14	18.46	27.94	37.60	47.44
持續價值的現值					209.63
股東價值					$257.07

重點整理

● 現金流量的大小、時間和風險決定金融資產的價格，這些金融資產包括債券、房地產和股票。

● 你可以藉由預測自由現金流量並把自由現金流量折算成現值，來估計一檔股票的股東價值。

● 與其努力預測長期現金流量，或是利用不可靠的短期價值評估代理變數，預期投資法的投資人會將股價所隱含的未來自由現金流量表現，作為決定是否買進、賣出或持有的基準。

估計持續價值

現金流量折現法通常將現金流量預測分為兩部分：一是明確預測期間內的現金流量，二是超出明確預測期間的持續價值。

在計算持續價值時，往往包含一些重要假設，因此你需要仔細評估這些假設是否合理。關鍵是要仔細考量在明顯的預測期間結束時，這家公司會處於怎樣的競爭地位。

你需要評估以下三個主要因素。

第一個要素是資金成本。你需要選擇與公司預期競爭地位相符的資金成本。對於成長中的企業來說，這點特別重要，因為隨著公司逐漸成熟，其風險和資金成本往往會降低。

其次是通貨膨脹。你應考慮公司是否能夠透過調整產品或服務的價格來維持購買力。穩定產業中的公司如果需求價格彈性較低（即需求對價格變動不敏感），通常更有能力應對通膨。求價格彈性反映的是需求隨價格變動的反應程度。對於彈性低的商品和服務，即使價格上漲，需求仍會保持相對穩定。

最後，你應該考慮在明確預測期間結束後的成長潛力。少數公司可能能夠維持購買力，並在通膨之上持續成長。與此相反的是，衰退產業中，負成長往往會成為常態。大多數公司則位於這兩個極端之間的情況。

請注意，當你選擇持續價值的計算方法時，這會影響你對整個市場預期期間的理解。如果你將更多的公司價值分配給持續價值，那麼分配給明確預測期間的價值就會變少。因此，使用合適的持續價值計算方法對於準確理解市場的預期非常重要。

我們建議你使用永續法、永續並有通膨法、永續並有部分通膨法，或是永久衰退法來估計持續價值。以下就快速討論這些方法。

永續法

永續法假設，如果一家公司獲得的投資報酬超過資金成本，將會吸引競爭者，這會導致新投資的報酬率在預測期間結束時下降到與資金成本相等。因此，即使公司在預測期間之後持續成長，也無法創造額外的價值，因為每項投資只能賺到與資金成本相等的報酬。這樣的情況可以透過將預測期間之後的所有現金流量視為永遠相同的現金流量來簡化計算。永續法大大簡化了計算過程，因為我們不需要對每筆個別現金流量進行折現計算。[21]

要計算永續的現值，只需將預測期間結束時的預期年度現金流量除以投資報酬率：

公式 2.5

$$永續法下的現值 = \frac{年度現金流量}{投資報酬率}$$

使用永續法的話，我們會藉由將稅後淨營業利益（NOPAT）或投資增加前的自由現金流量除以資金成本，來計算預測期間結束時的持續價值：

公式 2.6

$$永續法下的持續價值 = \frac{稅後淨營業利益}{資金成本}$$

用永續法計算持續價值時，使用稅後淨營業利益才正確，而不是自由現金流量，因為投資支出增加的現值正好被現金流量增加的預期現值所抵銷。

因此，預測期間之後的投資只需保持現有產能即可，對持續價值的計算不會有額外影響。永續法假設折舊費用接近於維持現有產能的成本，這也是為什麼我們在計算時使用稅後淨營業利益作為分子的另一個理由。

為了說明這點，我們假設資金成本是 8%，而且預測期間最後一年的稅後淨營業利益是 1.00 美元。使用永續法計算的持續價值（公式 2.6）只是稅後淨營業利益 1.00 美元除以資金成本 8%，也就是 12.50 美元。

永續法假設在預測期間結束後，企業的現金流量可以維持資金成本的水準，但跟不上通貨膨脹率。

永續並有通膨法

永續並有通膨法與永續法不同，這個方法假設現金流量會在預測期間之後每年以通貨膨脹率來成長。計算預測期間結束時的現值公式是持續成長的永續法公式的代數簡化。

公式 2.7

$$永續並有通膨法的持續價值 = \frac{稅後淨營業利益 \times （1 ＋通貨膨脹率）}{資金成本－通貨膨脹率}$$

永續法和永續並有通膨法有什麼不同？在這兩種方法中，資金成本都包括預期通貨膨脹。然而，放在永續法模型分子的現金流量不會以通貨膨脹率增加。未來現金流量名目上是不變的，但是它們的價值經過通膨調整後會每年下降。相對來說，在永續並有通膨法模型下，現金流量每年都會以預期通貨膨脹率成長。因此它們的價值會跟上通膨，而且在實質上保持不變。可以預見的是，當我們預測通貨膨脹時，永續並有通膨模型會產生比永續法模型更高的價值。

舉例來說，假設我們使用跟上述相同的假設，但是現在引進2%的預期通貨膨脹率。在永久並有通膨方法下（公式2.7），稅後淨營業利益會隨通膨增加至 1.02 美元。將 1.02 美元除以 6%（8%的資金成本減去 2%的預期通膨），會得到 17.00 美元的持續價值。[22]

在罕見的情況下，你會預期一家公司的成長不只會追上通貨膨脹率，還會超越通貨膨脹率，這種情況可以將公式裡的通貨膨脹率改以成長率取代。這會產生比永續並有通膨法模型更高的持續價值。但這種情境非常罕見，我們建議使用時要非常謹慎。

永續並有部分通膨法

永續並有部分通膨法假設在預期期間之後，價值會永遠以高於零、但低於通貨膨脹率的速度成長。這個公式與永續法的公式相同，只是增加額外的變數 p，來反映公司能夠收回通貨膨脹率的比例。

公式 2.8

$$\text{永續並有通膨法的持續價值} = \frac{\text{稅後淨營業利益} \times (1 + (p \times \text{通貨膨脹率}))}{\text{資金成本} - (p \times \text{通貨膨脹率})}$$

繼續用我們的例子來說明，資金成本 8%，預期通貨膨脹率是 2%，而且預測期間最後一年的稅後淨營業利益是 1.00 美元。現在假設這家公司可以永久使商品或服務的價格反映一半的通貨膨脹率。變數 p 因此等於 0.5。

在這個例子下，分子是 1.01 美元（稅後淨營業利益 1.00 美元乘上一半的通貨膨脹率），而且分母是 7%（8% 的資金成本減去預期通膨 2% 的一半）。永續並有通膨法（公式 2.8）會產生 14.43 美元的價值（1.01 美元除以 7%）。

永久衰退法

大多數的企業最終會在某個時間點走向衰敗。這樣的例子包括影片出租服務、報紙和底片公司。如果你預期一家企業在預測期間結束時會衰退，你可能可以省事的使用永續並有通膨法的公式，但是把通貨膨脹率的數字以某個衰退率來取代。

公式 2.9

$$永久衰退法的持續價值 = \frac{稅後淨營業利益 \times (1 - 衰退率)}{資金成本 + 衰退率}$$

假設一個產業預期會以 2% 的速度衰退，預期期間最後一年的稅後淨營業利益是 1.00 美元，而且資金成本是 8%。將 0.98 美元（1 美元乘以 0.98）除以 10%（8% 的資金成本將上 2% 的衰退率），會得到 9.8 美元的持續價值。

哪種模式最適合你？這沒有簡單的答案。要思考通貨膨脹率與這家公司在該產業下競爭時的成長率。需要考慮的因素包括產業進入障礙和破壞式創新的風險。我們會在第四章討論這些主題。實務上來說，我們相信永續並有部分通膨法最適合大多數公司。

第三章

預期的基礎架構

預期投資法基於兩個簡單的概念：第一，你可以從股價中解讀出市場隱含的預期。第二，只有當你能夠準確預測這些隱含預期的股價修正時，你才有機會獲得超額報酬。

我們使用現金流量折現模型來解讀預期，因為這就是市場評估股價的方法。價格隱含的預期能夠用熟悉的經營價值驅動因子來表示，包括銷售成長、營業利益率與投資。

我們現在來看預期的修正，並處理兩個基本問題：

1. 我們應該在哪裡尋找預期修正？
2. 產生的所有預期修正是否都一樣？

這些答案很重要，因為它們是取得具吸引力投資報酬的關鍵。了解今天的預期是一回事，但是了解它們是什麼，以及它們對股東價值的影響則完全是另一回事。就讓我們從第一個問題開始。

重新認識預期修正

經營價值驅動因子通常是搜尋預期修正的合邏輯起點。的確，投資人和經理人一般會圍繞每個經營價值驅動因子建立範圍，來測試各種結果會怎麼影響股東價值。我們過去也一直提倡這種敏感度分析，但後來發現這種方法無法真正反映出預期修正的核心。

為了了解原因，來舉個簡單的例子。假設一家公司的股價隱含的公司營業利益率預期是 15%。敏在敏感度分析中，我們會將這個比例變動，例如設定在 12% 至 18% 之間，並衡量這些變動對股東價值的影響。但是任何營業利益率假設的改變都會引起更大的問題：為什麼營業利益率會與目前的預期不同？是因為銷售成長預期的變化導致的嗎？還是因為公司調整成本結構的力度超出投資人的預期？我們知道經營價值驅動因子的變動背後可能有許多原因。

　要真正理解預期修正，我們必須認識到，經營價值驅動因子的變動實際上是預期修正的結果，而非原因。實際上，預期修正的根本因素是銷售、經營成本和投資這三個構成股東價值的基本要素。我們稱這些基本要素為「價值觸發因素」，因為它們會啟動預期修正的流程。值得注意的是，投資人和管理者經常以這些要素來進行思考和討論。

　但問題是，價值觸發因素過於廣泛，無法直接對應經營價值驅動因子。舉例來說，公司預期銷售的增加可能會改變營業利益率，但也可能不會。我們需要一套分析工具來系統地捕捉價值觸發因素與經營價值驅動因子之間的關係。我們稱它們為「價值構成因子」。它們包括（1）數量、（2）價格和銷售組合、（3）營運槓桿、（4）規模經濟、（5）成本效率，以及（6）投資效率。

　價值觸發因素、價值構成因子和經營價值驅動因子建構出預期的基礎架構（見圖3.1）。我們現在知道要從預期觸發因素開始，來尋找潛在的修正。當某個可能的變化被確認後，我們接著考量會影響的價值構成因子。最後，我們將這些修正轉化為經營價值驅動因子的變化，並計算它們對股東價值的影響。

圖 3.1 預期的基礎架構

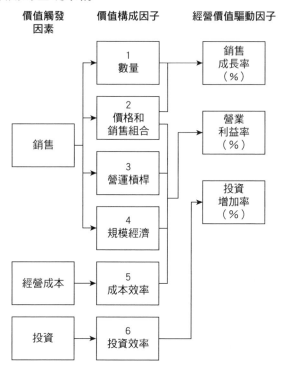

預期基礎架構是基於既定的個體經濟學原理，並引導我們對歷史和預期績效進行嚴謹的分析。它還理清因果關係，為投資人提供一個清晰的方式來評估所有會觸發修正作用的因素。大多數依賴敏感度分析的華爾街投資人無法掌握這些動態。

接下來，我們將深入探討預期基礎架構的核心，逐一分析每個價值構成因子。

價值構成因子 1：數量

當數量、價格和銷售組合的假設發生變化時，會導致銷售成長預期出現修正。具體來說，數量捕捉的是對商品或服務銷售單位數的預期變動。數量變動會直接影響銷售額，並且可能會對營業毛利率產生影響。在這裡，我們僅專注於銷售額的影響，因為毛利率的變化可以通過其他兩個因子捕捉到，即營運槓桿和規模經濟。

價值構成因子 2：價格與銷售組合

銷售價格與銷售組合會影響銷售成長率和營業利益率。銷售價格的改變，意味著一家公司用不同的價格銷售相同的商品。為了評估對營業利益率的影響，你需要結合價格改變來考量一家公司的成本。

銷售組合反映高毛利和低毛利產品的分布改變，營業利益率是擴大還是縮小，取決於銷售組合如何變化。

固特異輪胎（Goodyear Tire & Rubber）是銷售組合如何提高營業利益率的一個好例子。固特異輪胎 2015 年的銷售金額比

2011 年下降 28%，而且總銷售量下降 8%。但是這家公司同期的營業利益成長將近 50%，而且營業利益率增加 6 個百分點。關鍵在於銷售組合從低毛利的輪胎商品轉向高毛利的優質輪胎。[1]

▌ 價值構成因子 3：營運槓桿

企業必然會在產品和服務產生銷售之前花費大量的資金。這些支出被稱為產前成本（preproduction cost）。有些企業，像是公用事業或化工企業，主要是把錢花在實體建築物與設備上，這些費用在資產負債表上被認列為費用，藉由折舊估計這些資產的使用壽命。其他企業，包括軟體公司和製藥公司，會立即支出大量的知識開發成本，但是不會花太多錢在會折舊的資產上。產前成本的相對重要性和開發產品或服務所需要的時間會隨著產業與公司不同而改變。

企業在產品或服務銷售之前，往往需要投入大量資金，這些支出被稱為「產前成本」。某些企業（如公用事業或化工公司）主要在實體設施和設備上進行支出，這些費用會記錄在資產負債表中，並透過折舊來分攤其使用壽命。其他類型的企業，如軟體和製藥公司，則會立即將大量的知識開發成本列支，並且不會在可折舊的資產上花費太多。不同產業和公司之間，產前成本的重要性和開發產品或服務所需的時間會有所不同。

產前支出會損害營業利益率。但隨後的銷售成長會產生更高的營業利益率。投資人和經理人一般都會稱這是營運槓桿。

不同企業的產前成本在時間和金額上各不相同。仰賴實體資本的公司在接近實際的產能利用率時，必須進行新一輪的產前投資，以支持企業的持續成長，而這些新成本往往會對毛利率構成壓力。相反地，知識型公司較少受到實體產能的限制，但為了防止產品過時，它們必須不斷投入新一輪的產品開發成本，以升級現有產品並推出新產品。

那麼，營運槓桿究竟如何影響營業利益率呢？假設某家公司在最近一年的銷售額為 1 億美元，稅前營業利益為 1500 萬美元。進一步假設在 8500 萬美元的經營成本中，產前成本占 20%，即 1700 萬美元。由於這家公司去年完成了一次重要的擴張，未來兩年的產前成本將保持不變，其他經營成本仍占銷售額的 68%。

根據這些假設，我們可以計算出預測期內前兩年的營業利益（見表 3.1）。營運槓桿會使營業利益率從基準年的 15%，在第一年和第二年分別提高至 16.55% 和 17.95%。

表 3.1 營運槓桿

	第 0 年	第 1 年	第 2 年
銷售金額	$100.00	$110.00	$121.00
產前成本	17.00	17.00	17.00
其他營業費用（銷售金額 68%）	68.00	74.80	82.28
營業總成本	85.00	91.80	99.28
營業利益	$15.00	$18.20	$21.72
營業利益率	15.00%	16.55%	17.95%

▊ 價值構成因子 4：規模經濟

當一家企業可以隨著產品數量增加而以較低的成本進行採購、生產、行銷、銷售、配送和客戶服務等基本任務時，就存在規模經濟。

一個例子是「刷卡費」，這是顧客每次刷卡購物時，銀行向零售商收取交易費用某個比例的金額。像沃爾瑪、Costco 和亞馬遜等大型商店利用它們的規模來協商付出比小型零售商更低的刷卡費。[2] 大公司還享有廣告的規模經濟，因為更高的銷量不只可以使他們能協商出更低的價格，還能接觸到更多的潛在客戶。這些規模經濟會使較大的公司比較小的競爭者更具成本優勢，而且如果競爭對手夠重要的話，還能夠阻止他們進入市場。

只是追求市占和規模並不是萬靈丹。舉例來說，西南航空和鋼鐵製造商紐克鋼鐵（Nucor）發展出優異的商業模式，而且比其他更大的競爭對手有更高的獲利。此外，在技術和客戶需求快速改變的產業中，專注在銷量成長的公司也許會很難隨著市場發展而改變發展方向。很多時候，市場領導廠商還會因為代價高昂的官僚主義和狂妄自大而受害。

也就是說，由於大量的併購活動出現，使得今天超過四分之三的美國產業比 1990 年代後期更為產業集中。這已經使得產業集中最高的產業營業利益率變得更高。[3]

請注意，規模經濟與營運槓桿是不同的。[4] 規模經濟會隨著銷量增加而產生更高的效率，而營運槓桿則是將產前成本分攤到更大的銷量上。如果錯把規模經濟當作營運槓桿，可能會誤以為一家公司的單位成本會隨著產能擴大而持續下降，從而得出錯誤結論。

對於使用預期投資法的投資人而言，規模經濟的重要性不僅取決於公司過去實現的規模經濟程度，還取決於市場當前的預期是否忽視了合理的變化可能性。[5]

▌ 價值構成因子 5：成本效率

與規模經濟無關的成本效率也會影響營業利益率。這些效率涵蓋的活動從原物料採購到商品或服務的銷售和配送。各家公司都可以透過兩種基本方式達到成本效率。[6] 一是降低各活動中的成本，二是大幅重新配置這些活動。

以配送香蕉和其他農產品聞名的金吉達品牌國際公司（Chiquita Brands International）就是一個享有成本效益的公司案例。這家公司擁有兩萬多名員工，管理人力資源是項重要的工作。近年來，這家公司採用新的人力資源管理軟體，成功將這項關鍵活動的成本降低了 30％。[7]

重新配置採購、生產、銷售、行銷或配送活動可以大幅改變一家公司的成本狀況。設計、開發和銷售消費性電子產品的蘋果公司就是一個恰當的例子。蘋果公司是一個恰當的例子。蘋果最初是一家個人電腦公司，1980 年代在美國生產電腦。如今，蘋果最成功的產品是 iPhone。自 2007 年 iPhone 推出以來，蘋果已經建立了全球供應鏈，零組件來自全球各地的供應商，而 iPhone 的組裝則主要在中國進行。外包無法創造價值的活動，使蘋果能夠降低成本，並從 iPhone 所創造的總價值中獲得更多利益。[8]

再次強調，重點不僅在於節省多少成本，而是節省的成本是否超出了市場的預期。

▋ 價值構成因子 6：投資效率

當企業在相同的銷售額和營業利益下，能夠減少資本投資時，便可享有投資效率。[9] 以麥當勞為例，該公司藉由開設新店不斷擴展業務。在 1990 年代，麥當勞想出了一種降低新店投資成本的辦法，涵蓋建築物、土地和設備的支出。1990 年，一家傳統麥當勞餐廳的平均建造成本為 160 萬美元，但到了 1994 年，麥當勞通過簡化建築設計，並使用需要較小土地的模組化建築，將建造成本降至 110 萬美元。此外，該公司還將設備標準化，從而能夠在全球範圍內採購，並要求主要供應商提供更優惠的價格。這些新店雖然成本降低了 30%，但它們帶來的銷售額和營業利益與舊店相同。

另一家受益於投資效率的跨國食品與飲料公司億滋國際（Mondelez International）則採取了另一種方式：改善現金周轉週期（cash conversion cycle）。現金周轉週期用來衡量公司將庫存和其他資源轉化為現金收入所需的天數。從 2013 年到 2020 年，億滋國際的現金周轉週期從 39 天縮短至負 35 天，這意味著現在它在付錢給供應商前就收到現金。這一運營資金效率的提升，為億滋國際釋放了超過 36 億美元的資本。

並非所有預期修正都相同

預期的基礎架構為銷售、營業利益率和投資提供了詳細的分析路徑。展示了為什麼我們需要從價值觸發因素開始，才能最大限度地提高成功預測修正的機率。然而，我們仍需回答一個問題：所有的預期修正是否都具有相同的影響？答案顯然是否定的。要明白其中的原因，首先需要考慮兩個相關問題：

1. 哪種預期變動最可能為投資人提供最佳機會？是銷售、成本還是投資？
2. 這些改變在什麼時候真正具有重大影響？？

第一個問題有明確的答案：銷售預期的改變最有可能展現出具有吸引力的投資機會。為什麼？再看一下預期的基礎架構（圖 3.1）。請注意，銷售會觸發六個價值構成因子中的四個。光是這點就很引人注目，但是我們也必須考量到，銷售成長的預期修正通常是最大的。由成本和投資效率所導致的預期修正幾乎總是比較小，不過即使經營價值驅動因子的變化幅度並無法說明整個故事，因為我們主要關注的是對股東價值的影響。

銷售成長預期變化的重要程度取決於公司是否正在創造股東價值。當一家公司在成長投資中獲得的報酬高於資金成本時，銷售成長就會增加價值。如果報酬低於資金成本，成長就會破壞價值。最後，如果一家公司的營收恰好等於資金成本，成長就不會增加任何價值。成長可能是好消息、壞消息，或者完全無關緊要。

當一家公司淨稅後營業利益（NOPAT）增加的現值超過額外投資的現值時，公司就會增加價值。淨稅後營業利益的成長取決於預期的銷售成長率、營業利益率和假設的現金稅率。因此，當銷售成長預期發生改店時，營業利益率將決定這一改變對股東價值的影響。[10] 當然，營業毛利率越高越好。然而公司需要賺取一個與營業利益率損益兩平的特定報酬，我們稱之為「門檻毛利率」。[11]

為了說明門檻毛利率，我們回到第二章的摘要說明。去年銷售金額是 1 億美元，淨稅後營業利益是 1125 萬美元。假設未來一年的市場預期如下：

銷售成長率	10%
營業利益率	15%
現金稅率	25%
投資增加率	25%

　　這家公司的資金成本是 8％，預期通貨膨脹率是 2％，而且我們使用永續並有通膨法來計算持續價值（見公式 2.7）。在表3.2 的「營業利益率 15％」的欄目中，我們計算在這組假設下，股東價值增加 1269 萬美元。在右欄中，我們用 14.08％的門檻毛利率取代 15％的營業利益率，這時，股東價值增加會降至 0。[12]

　　門檻毛利率揭示了四個原則，幫助你判斷預期變動何時會影響股東價值：

1. 如果營業利益率的預期遠高於門檻毛利率，則上調銷售成長預期會顯著增加股東價值。變動幅度愈大，增加的價值就愈多。

2. 如果營業利益率的預期接近門檻毛利率，則修正銷售成長預期只會略微增加股東價值。例外情況是，若預期修正同時引發產品銷售組合、營運槓桿或規模經濟等因素提升毛利，則股東價值會相應增加。

表 3.2　股東價值增加：預期與門檻毛利率比較

	第 0 年	營業利益率 15%，第 1 年	營業利益率 14.08%，第 1 年
銷售金額	$100.00	$110.00	$110.00
營業利益	15.00	16.50	15.49
減去：現金稅	3.75	4.13	3.87
淨稅後營業利益（NOPAT）	11.25	12.38	11.61
減去：投資增加		2.50	2.50
自由現金流		9.88	9.11
自由現金流現值		9.14	8.44
持續價值現值	191.25	194.79	182.81
股東價值	$191.25	$203.94	$191.25
股東價值增加		$12.69	$0.00

3. 如果營業利益率的預期明顯低於門檻毛利率，則即使銷售成長預期上調，股東價值也會下降，除非營業利益率或投資率有所改善來抵消這一影響。

4. 當投資增加率的預期上升時，門檻毛利率也會上升，進而減少銷售成長所帶來的價值。同樣，較低的投資增加率會降低門檻毛利率，使銷售成長增加的價值變多。

當營業利益率和門檻毛利率之間的預期利差愈大，且銷售成長率愈快，銷售成長就愈有可能成為主要的觸發因素。如果銷售的變動同時還會觸發其他價值構成因子，如價格和產品組合、營運槓桿及規模經濟，這種可能性將進一步提高。

對於那些報酬接近資金成本，且無法從價格和產品組合、營運槓桿或規模經濟中受益的公司來說，銷售預期的修正影響微不足道。在這些情況下，成本或投資效率的變動可能對股東價值有較大的影響，儘管其絕對影響不大。

當預期發生變動時，預期的基礎架構可以幫助你辨別股東價值增加的潛在來源。與六個價值構成因子相關的價值觸發因素，以及由此產生的經營價值驅動因子，構成預期投資法分析的基礎（見第五章至第七章）。

在下一章，也就是 PART1 的最後一章，要討論影響基本價值觸發因素的競爭問題。說明完最後一部分之後，你就可以掌握執行預期投資法所需的所有策略與財務工具。

重點整理

● 要獲得超額報酬，你必須提高正確預測市場預期修正的機率。

● 預期的基礎架構是基於決定股東價值的基本價值觸發因

素、價值構成因子和經營價值驅動因子。這個架構可以幫助你具體化預期修正的原因與影響。

● 銷售成長預期的修正是最有可能帶來投資機會的來源，但前提是公司的投資收益高於資金成本。

第四章

競爭策略分析

競爭策略分析是證券分析的核心。對於投資人來說，最可靠的獲利方式是預測公司競爭動態的變化。這些變化會修正銷售、成本或投資前景，這些價值觸發因素會啟動預期投資法的流程。因此，競爭策略分析是投資人用來確定預期修正可能方向的重要工具。[1]

管理與投資的雙重視角

競爭策略的文獻主要專注於管理層如何採取行動來解決問題，但投資人可以用不同方式運用相同的策略工具。

管理階層的目標是藉由投資賺取超過資金成本的報酬來創造

價值。事實上，持續創造價值是競爭優勢的標誌。一家公司使用競爭策略分析來規畫並做決策，因為它的競爭優勢關鍵直接取決於公司策略的品質與執行。

管理階層的目標是通過投資賺取超過資金成本的報酬來創造價值。事實上，持續創造價值正是競爭優勢的標誌。一家公司會使用競爭策略分析來進行規劃和決策，因為其競爭優勢的關鍵在於策略的品質和執行力。

然而，投資人玩的則是另一種遊戲。他們的優異報酬來自於正確預測市場對公司業績預期的修正。如果某家公司的股票價格已經充分反映未來的業績表現，那麼投資人即便持有這家創造最大價值的公司股票，也無法獲得高額回報。這就是為什麼好的公司不一定是好的股票。投資人可以將競爭策略分析作為預測市場預期修正的工具。

歷史分析

查看一家公司的歷史表現，可以幫助你對未來的預期有初步概念。首先，你可以檢視哪些經營價值驅動因子波動最大，接著利用預期的基礎架構和競爭策略分析來追蹤這些波動的來源。歷史資料同時也提供了現實檢測。如果市場預期某個特定的經營價值驅動因子未來表現會與過去一致，你就需要有充足理由來支持預期將會修正。

　　預期的基礎架構與競爭策略分析相結合，能夠有效強調影響經營價值驅動因子的經濟和策略因素。舉例來說，一家公司可能會透過降低價格，將成本節省轉移給顧客，從而加速銷售量增長。即便價格下降會抵消成本節省帶來的毛利優勢，降價仍然至關重要，因為它對銷售成長有直接影響。預期的基礎架構提供了評估因果關係的框架，而競爭策略分析則超越數字，評估公司的競爭環境。表 4.1 列出了一些關鍵問題，以及評估歷史表現時可能考量的經營價值驅動因子與價值構成因子。

　　當然，歷史分析的相關性會因公司不同而有所變化。它的重要性在很大程度上取決於可獲得的歷史數據和產業穩定性。一般來說，歷史數據愈多愈好。長期的過去表現可以提供有關產業週期、競爭格局以及管理策略有效性的關鍵見解。

　　產業的穩定性則影響歷史經營價值驅動因子的可靠性。對於穩定的產業而言，未來的表現很可能與過去相似，這使得歷史業績記錄極具價值。相對而言，對於快速變化的產業或在新興產業中競爭的公司來說，研究它們的過去表現實用價值較為有限。

表 4.1 經營價值驅動因子、價值構成因子和競爭策略分析

經營價值驅動因子	價值構成因子	關鍵議題
銷售成長率	數量	● 產業成長 ● 市場份額 ● 顧客維繫（流失）
	價格與產品組合	● 價格改變 ● 產品組合改變
營業利益率	價格和產品組合	● 價格改變 ● 產品組合改變
	營運槓桿	● 產前成本 ● 在投資週期中的位置 ● 投資的可分割性
	經濟規模	● 採購 ● 生產 ● 配銷 ● 學習曲線
	成本效益	● 流程重新配置 ● 技術 ● 外包
投資增加率	投資效率	● 技術 ● 設備重新配置 ● 營運資金管理

評估競爭策略的架構

我們發現在三個層面上評估競爭優勢很有用處。第一是藉由深入了解產業高層的特性來了解情況。接著你可以進行具體的產業分析。產業吸引力結合市場特性與產業結構的評估。市場特性

包括市場的成長、客戶和供應商的供需基本面、創新率、產業監理的改變；產業結構則包括市場份額、進出壁壘、垂直整合潛力、替代產品的威脅、競爭模式和產業的獲利能力。

競爭策略分析最後的層面是要設法確認公司特定的優勢來源。單一公司通常對產業吸引力的影響很小。相較之下，公司的業績和競爭地位是由公司對產品品質、技術、垂直整合、成本定位、服務、訂價、品牌識別和重點配銷管道等領域所選擇的策略所驅動。一家公司的策略選擇，結合公司的執行技巧，會決定公司創造價值的前景。我們現在會觸及每個層面，並提供一些工具來引導這樣的分析。

了解產業展望

這個層面的目標是要了解產業的運作方式，以及一些關鍵特徵，包括獲利能力、穩定性與受外部力量的影響。創建一個產業地圖是很好的起點。[2] 目標是了解競爭的結構，來確定目前和未來獲利能力的要素。

先把你正在分析的公司放在地圖中間，常見的情況是把供應商放在左邊，客戶放在右邊。試著把所有可能會對這家公司的獲利能力產生影響的公司都包括在內。按照規模順序列出公司，對於了解這些公司的相對地位很有幫助。一個產業的界線並不總是很清楚，但是了解一家公司在更大的格局中所在的位置，有助於提出關鍵的問題。

創建一個地圖也是思考新進競爭者潛力的好機會。考慮現在不在地圖上、但未來合理會成為競爭者的公司。這個地圖也可以讓你了解公司之間經濟往來的性質。舉例來說，公司實體間的合作是基於最大努力（best efforts）的契約關係，或是隨收隨付（pay as you go）的模式？最後，評估可能影響獲利能力的其他因素，像是勞資關係或地緣政治風險。

圖 4.1 的例子是美國航空業的產業地圖。

價值池分析可以讓你看見一個產業創造的價值。[3] 橫軸衡量公司的規模，像是銷量或資產。縱軸反映營業毛利率和門檻毛利率之間的利差。回想一下，門檻毛利率是公司剛好賺取資金成本的毛利。價值池分析揭示了一家公司有多大，及其創造了多少價值。

圖 4.2 展示了 2019 年美國航空業的價值池分析。若要深入掌握產業性質的變化，隨著時間推移進行多次的價值池分析會非常有用。在穩定產業中，每年價值創造的變化通常不大；相反地，若價值發生顯著變動，則可能反映出該產業的競爭優勢有限。此

圖 4.1 產業地圖

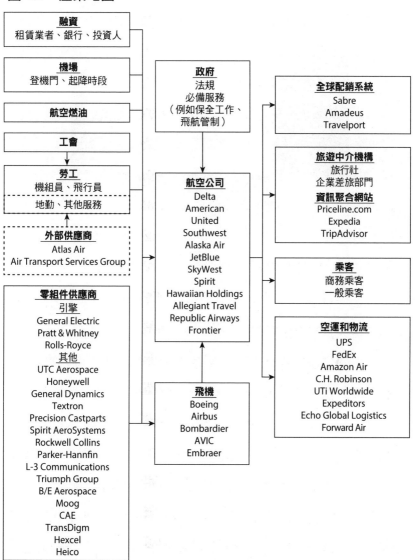

融資
租賃業者、銀行、投資人

機場
登機門、起降時段

航空燃油

工會

勞工
機組員、飛行員
地勤、其他服務

外部供應商
Atlas Air
Air Transport Services Group

零組件供應商
引擎
General Electric
Pratt & Whitney
Rolls-Royce
其他
UTC Aerospace
Honeywell
General Dynamics
Textron
Precision Castparts
Spirit AeroSystems
Rockwell Collins
Parker-Hannfin
L-3 Communications
Triumph Group
B/E Aerospace
Moog
CAE
TransDigm
Hexcel
Heico

政府
法規
必備服務
（例如保全工作、
飛航管制）

航空公司
Delta
American
United
Southwest
Alaska Air
JetBlue
SkyWest
Spirit
Hawaiian Holdings
Allegiant Travel
Republic Airways
Frontier

飛機
Boeing
Airbus
Bombardier
AVIC
Embraer

全球配銷系統
Sabre
Amadeus
Travelport

旅遊中介機構
旅行社
企業差旅部門
資訊聚合網站
Priceline.com
Expedia
TripAdvisor

乘客
商務乘客
一般乘客

空運和物流
UPS
FedEx
Amazon Air
C.H. Robinson
UTi Worldwide
Expeditors
Echo Global Logistics
Forward Air

圖 4.2　價值池分析

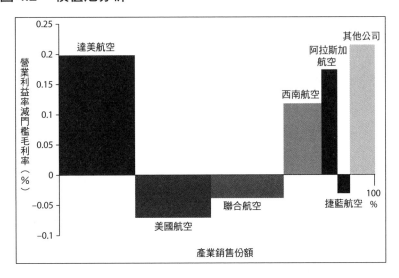

外，創造大量價值的公司（特別是規模較大的公司），也往往成為競爭者的合理攻擊目標。

市場份額測試提供了一個衡量產業穩定性的重要指標。[4] 通常會檢視兩個時期的市場份額變化，時間間隔一般為三到五年，並計算市場份額的平均絕對變化數據。表 4.2 提供了一個全球智慧型手機產業的範例。當這個平均值越高，表示市場份額的波動越大，進而顯示某家公司持續保持競爭優勢的可能性越低。

最後，應該重視外部力量（如關稅、補貼和法規）如何影響產業的獲利能力。舉例來說，當美國在 2019 年 12 月恢復對巴西

表 4.2　市場份額測試

智慧型手機 （全球占比）	2014（%）	2019（%）	5 年 絕對數字改變（%）
三星	24	20	4
Apple	15	13	2
聯想	7	3	4
華為	6	16	10
小米	5	8	3
LG	5	2	3
其他	38	38	0
總計	100	100	
平均絕對數字改變			4

和阿根廷進口的鋼鐵和鋁課徵關稅時，因為供應減少，美國鋼鐵製造商的股價上升。這些外部力量對產業的影響，我們將在第十二章進行深入探討。

對於產業的全貌有深刻的認識之後，我們就可以進一步專注於影響該產業發展的具體因素。

產業分析

我們建議用兩個架構來做為產業分析的引導，這兩個架構都是由哈佛商學院的教授所開發。第一個是麥可‧波特（Michael

Porter）著名的五力分析架構，這個架構有助於界定產業結構，而且對競爭分析特別有用（見圖 4.3）。[5] 第二個是克雷頓‧克里斯汀生（Clayton Christensen）的破壞式創新模型，這可以幫助我們預測公司倒閉的風險。

五力分析架構

產業結構是塑造競爭遊戲規則與競爭企業可用策略的主要力量。這種分析適用於大多數產業，不過特別適用於擁有以下三個特徵的產業：

- **明確的產業界線**：能夠很容易界定買家、供應商和競爭對手。
- **成熟與相對可預測的模式**：這個產業相對穩定
- **實體資本導向**：有形資產 是價值創造的核心。

波特認為，這五種力量集結起來會決定一個產業創造價值的潛力。他強調，儘管這種潛力會因為產業而不同，個別公司的策略最終會影響這家公司可持續的競爭優勢。現在就來一一看這五

圖 4.3 五力分析架構

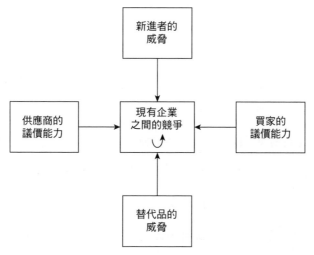

引用自：*Competitive Strategy: Techniques for Analyzing Industries and Competitors by Michael E. Porter.* Copyright c 1980 by The Free Press. Reprinted with the permission of The Free Press, a division of Simon & Schuster, Inc. All rights reserved.

種力量：

● **替代品的威脅**：這部分關注替代產品或服務的存在，以及潛在買家轉向替代品的可能性。當產品價格無法保持競爭力，或市場上有類似的替代商品時，企業將面臨替代品的威脅。這類替代產品會限制企業的定價能力，對潛在的回報設下上限。

- **買家的力量**：指的是產品或服務的買家議價能力。這種力量受買家集中度、轉換成本、資訊掌握程度、替代品的存在以及產品對買家的重要性影響。掌握大量資訊的大型買家，對供應商擁有更強的影響力，遠超過資訊不足且分散的買家。

- **供應商的力量**：指的是供應商在價格、品質及服務等方面對客戶的影響力。若產業無法將強勢供應商的價格上漲轉嫁給顧客，該產業將難以具有吸引力。供應商在市場中占據優勢，通常是因為他們的集中度高於所服務的產業，或者他們的產品轉換成本高，且沒有替代品。此外，若供應商所依賴的產業在其總銷售中的比例較小，或是供應商的產品對買方非常重要，則供應商也會處於有利地位。相較於賣家多樣化的情況，將商品銷售給買家集中度較高的買家，難度更大。

- **進入障礙**：決定了新競爭者進入某個產業的難易程度。這些障礙可能包括所需資金規模、知名品牌的實力與客戶忠誠度、配銷通路的使用、規模經濟、從一個供應商轉換到另一個供應商的成本，以及政府法規等因素。

- **公司之間的競爭**：這部分討論了公司在價格、服務、保固、新產品推出與廣告等方面相互競爭的激烈程度。激烈的競爭會讓產業對所有參與者都變得不具吸引力。影響競爭的因素包括產業成長、產前成本的相對大小，以及產品差異化的程度。增長中的產業往往會緩和競爭，因為競爭對手會更專注於共同成長，而非在零和遊戲中取得優勢；而產前成本高的產業通常會出現強烈的競爭，因為公司有動機推動足夠的銷量來平衡成本。在產品差異化程度低的產業，價格和服務上的激烈競爭則更為普遍。

其中兩種力量值得進一步討論，那就是進入障礙和公司之間的競爭。

競爭是動態的，因此了解產業的進入和出場模式很重要。[6]評估潛在威脅的一個起點是分析各公司實際進入產業和退出產業的情況。年輕的產業一般都比古老的產業有更多公司進出。但我們的經驗顯示，所有產業的進出情況都比高層經理人和投資人普遍認為的更為頻繁。

挑戰者進入產業的決定通常從評估現有企業的反應開始。影響現有企業反應激烈程度的具體因素包括資產的專屬性、最小有效生產規模、產能過剩的程度，以及企業的聲譽。[7]

經濟學家過去認為，一家公司的資產投資規模，會決定它對挑戰者的反應，但是他們逐漸了解到，關鍵是這些資產對市場的專屬性有多少。一家資產只在特定市場有價值的公司會奮力拚搏，來捍衛它的地位。

資產專屬性例子包括：選址專屬性（例如公司將資產設置於客戶附近以提高效率）、物理專屬性（例如公司調整資產以符合特定交易需求）、專屬資產（例如公司專門購買資產以滿足特定買家的需求），以及人力專屬性（例如公司為了特定的業務關係，對員工進行專業技能或知識的培訓）。[8]

隨著大多數產業的產出增加，單位成本會逐漸下降。當單位成本隨產出增長趨於穩定時，公司便達到了固定規模報酬。最小有效規模是指公司必須達到的最少產量，才能使單位成本降至最低。這有助於挑戰者確定前期投資的規模，以及需要多少市場份額才能在產業中具有競爭力並創造價值。

另外兩個因素，即產能過剩和企業聲譽，相對簡單。如果產業中存在過剩的產能，那麼新進入者將進一步增加產能，這可能導致價格下跌。以強硬或熱於助人的形象著稱的公司，會影響潛在競爭者決定是否要進入。

新進廠商還必須評估進入產業的預期報酬。如果既有企業擁有不可逾越的優勢，新進者將無法獲得有吸引力的報酬。例如，事先承諾的合約、專利、學習曲線效應、網路效應和退出成本等因素都可能構成這樣的優勢。

獨家取得原物料、與客戶的長期合約，以及維持產業裡最低價格的承諾，都是事先承諾合約的範例。許可證的成本高昂，因此不利競爭者進入，而專利會在特定期間保護現有企業，阻止競爭者進入。

當更多人使用產品或服務而使產品或服務的價值增加時，就存在網路效應。一旦一個網路成為主導者，對挑戰者來說，吸引顧客就會變得很困難。經典的例子包括微軟的個人電腦作業系統、社群媒體中的臉書，以及共乘市場中的 Uber。

新進廠商必須衡量成功的機率和出場的成本。出場障礙是投資規模和收購資產特殊性的函數。低投資需求與非特定資產就跟低進出障礙一樣。

企業之間的競爭是幾種因素的結果，包括合作程度、目標的同質性、需求的變化性和產業成長。

在大多數的產業中，**合作**和**欺騙**之間存在緊張關係，這些術語來自賽局理論，這是研究兩個以上的參與者之間的策略互動。當產業參與者在訂價或產能調整等變數上進行粗略協調時，合作便會出現。當一家公司降低產品的價格或增加產能時，其他廠商為了產業獲利的占比而沒有這樣做時，欺騙就會產生。理解競爭的關鍵在於評估各公司在合作與欺騙之間所作的權衡。合作較多且競爭較少的情況，通常與更高的經濟報酬一致。而激烈的競爭則會使企業難以創造高報酬。

競爭對手的目標同質性也是一個重要因素。在擁有相似目標、時間範圍、激勵措施及公司理念的產業中，競爭往往較不激烈。然而，這種情況並不常見。舉例來說，上市公司、私人公司與私募股權擁有的公司之間可能存在不同的財務目標、時間範圍及獎勵結構，這可能會導致不同的競爭策略。

需求波動性對產業的影響同樣重要。當需求波動較大時，公司內部及外部的協作都會更加困難。需求的波動與高固定成本的產業關係尤為密切，因為即使在需求高峰期，過度投資的風險也很高。產能過剩會導致在需求低谷期出現激烈競爭。

當產業快速成長時，有些公司可以在不削弱競爭對手的情況下創造股東價值。而在停滯的產業中，競爭更像是零和遊戲，唯一創造價值的方式是從其他公司奪取價值。當產業的成長速度減緩時，競爭通常會變得更加激烈。

破壞式創新模型

　　已故的克里斯汀生開發出破壞式創新的模型。[9]這個模型能幫助預測市場預期的變動。它揭示了主導企業可能失敗的模式，從而導致預期大幅下降。這個架構特別適用於以下類型的公司：

● **市場領導者**：這些公司專注於傾聽現有客戶的需求和追求當前的盈利，因此常常因惰性和既有利益，錯失了重要的技術變革。
● **中央集權的公司**：決策權高度集中的企業，往往難以及時察覺破壞性技術的出現。
● **依賴實體商品的公司**：當產品從實體轉向數位時，這些公司可能會面臨巨大挑戰。

　　克里斯汀生認為，即使優秀的經理人根據廣泛接受的管理原則做出明智的決策，很多公司還是會失去它們的領導地位。因此陷入兩難。他的架構是根據三個調查結果：

　　首先，持續性技術與破壞性技術截然不同。持續性技術旨在改進現有產品，無論是漸進式的、非連續性的，甚至是激進的進步，這些技術都在一個已定義的價值網絡內運作。他將此定義為，這是「一家公司在辨別和回應顧客需求、解決問題、取得投入要素、對競爭對手做出反應和追求獲利的背景環境。」[10] 而破壞性技術則提供了一個完全不同的價值主張。

基於破壞性技術的產品起初可能只吸引相對少的客戶，這些客戶看重像是低價、更小的尺寸或更大的便利性等價值特性。其他破壞性技術則可能會針對一個既有公司尚未服務的新市場或新興市場區隔。克里斯汀生發現，短期破壞性科技一般的表現並不如成熟產品。因此，領先地位的公司常常在技術早期階段忽視、忽略或排斥這些技術，也不足為奇。

其次，技術的進步往往比市場需求的增加來得快。成熟的公司通常提供超出客戶實際需求的產品，這為破壞性技術的崛起鋪平了道路。即便破壞性技術在早期無法滿足大多數用戶的需求，但其性能的快速提升將使其在未來具備完全的競爭力。

最後，對於既有公司來說，放棄破壞性技術似乎很合理，因為破壞式產品一般的毛利較低，在不重要或新興市場上經營，而且帶給公司最多獲利的客戶並不需要。因此，在傾聽客戶並實行傳統財務紀律的公司很容易放棄破壞性技術。

當然，公司不應該停止傾聽客戶的意見，相反地，公司必須滿足客戶先階段的需求，同時預期客戶未來的需求。有些客戶本身並不知道未來想要什麼產品或服務。破壞性技術或許正是解決未來問題的關鍵，因此企業需要在滿足當前需求和預測未來需求之間找到平衡。就像英特爾（Intel）的傳奇執行長安迪‧葛洛夫（Andy Grove）說道：「只有偏執狂才能生存。」[11]

電影出租業務是一種破壞性技術發揮作用的例子。[12] 1990 年代後期，百視達（Blockbuster Video）是家庭觀看電影出租的領導者，到了 2000 年代初期，這家公司經營超過 9000 家商店，市值高達 50 億美元。百視達允許客戶在特定期間出租影片，到期未還時收取滯納金。根據報導，百視達光是一年就賺到 8 億美元的滯納金，占公司營收超過 15%。[13]

Netflix 在 1997 年成立，在幾個重要面向上改善客戶的價值主張，包括寄送 DVD 的便利性與不收取滯納金。Netflix 在 2007 年引進串流，不再需要處理實體光碟，而且最後開始製作自己的內容。Netflix 重新徹底定義這場賽局，而且推出全新的價值網絡。截至 2020 年，Netflix 的市值是 2000 億美元，而百視達則在 2010 年申請破產保護。

破壞性技術會使投資人降低對一些知名公司的預期，同時創造出全新而有價值的公司。舉例來說，筆記型電腦製造商因為智慧型手機的推出被擾亂。你應該警惕先價值網絡的出現，以及他們播下預期變動的種子。

預測競爭對手的行動

如果你考慮要新建一間造紙廠，你會根據某些對經濟成長的假設做出決定……但我們似乎從未考慮過競爭對手的反應。還有誰會同時建設廠房或購置機器？

財務長，國際論文[*]

你不能憑空評估一家公司的行為，因為各個公司會對彼此的競爭行動做出反應。賽局理論是考量產業對抗的有用工具，而且特別適用於兩種商業情境：週期性產業中的訂價與產能擴充。[†]

那些合作訂價的產業，通常比那些以競爭為基礎訂價的產業獲利更多。中國兩家叫車公司——由阿里巴巴控股的快的打車與騰訊持股的滴滴打車，在 2014 年初進行了一場價格戰就是一個例子。滴滴打車為了爭奪市場份額，開始降價並推出補貼，快的打車立刻跟進。兩家公司在不到六個月內耗費了 3.25 億美元，使整個產業的獲利大幅下降。同年六月，兩家公司在市場份額幾乎沒變化的情況下達成和解。最終，兩家公司於 2015 年合併，這進一步促進了市場的理性化。[‡]

另一個例子是在產業週期高鋒決定增加產能。如果一家公司增加產能，而競爭對手沒有，那這家公司獲利就會大幅增加。如果它放棄投資，而競爭對手增加產能，那競爭對手會賺到增加的獲利。不過，如果所有玩家都增加產能，沒有人會真正受益，並且下一次的週期性衰退對所有廠商造成更大壓力。因此，競爭對手對公司行動的反應，對預期修正會有重大影響。

---

* "Stern Stewart EVA Roundtable," *Journal of Applied Corporate Finance* 7, no. 4 (Summer 1994): 46–70.

† Adam M. Brandenburger and Barry J. Nalebuff, *Co-opetition*: 1. *A Revolutionary Mindset That Combines Competition and Cooperation*. 2. *The Game Theory Strategy That's Changing the Game of Business* (New York: Doubleday, 1996).

†† Charles Clover, "China's Internet Giants End Expensive Taxi App Wars," *Financial Times*, August 17, 2014.

　　五力分析是了解產業面獲利能力驅動因素的寶貴方法，而且破壞式創新架構在評估對現狀的威脅而言很有用。但是我們最終還是希望了解個別公司的潛在預期修正。為此，我們需要轉而評估一家公司的相對地位。

公司如何增加價值

策略學教授亞當‧布蘭登伯格（Adam Brandenburger）和哈本‧史都華（Harborne Stuart）對於一家公司如何增加價值提供一個非常具體與合理的定義。[14] 他們的方程式很簡單。

公式 4.1

增加的價值＝支付的意願－機會成本

這是說，一家公司創造的價值是它從產品或服務中獲得的價值，扣除生產那項成本的成本（包括資金的機會成本）。

有些定義在這裡很有用處。就從支付意願開始說起。想像一下，有人給你一支新的網球拍，因為你喜歡網球，這對你很有價值。現在想像同一個人慢慢的從你的銀行帳戶提取少量的現金。在擁有球拍或現金之間你覺得沒什麼差異的金額，就是你願意支付的價格。如果你願意以低於願意支付的價格來購買一項產品和服務，你就享有消費者剩餘。

機會成本則是另一面。你去一家商店，從貨架上拿了一隻網球拍。機會成本就是商店需要從你那裡得到的現金，這個數字代表商店對於擁有現金或是持有網球拍之間的感覺沒有什麼差異。

這導向兩種主要的價值創造方式。首先是提升顧客支付意願的能力，同時保持成本競爭力，這通常被稱為差異化策略。當你聽到「差異化」時，應聯想到收取更高相對價格的能力。

第二種是以較低的相對成本生產商品或服務，同時能夠收取足夠價格的能力。這是一種低成本策略。成本效益也許是較低的營運成本或更有效利用資金的結果。事實上，很多破壞式創新是透過較低的成本和資金需求而成功。圖 4.4 總結這些策略地位，包括少數享有客戶支付意願高於平均水準，以及成本低於平均水準的公司。

現在我們知道公司如何增加價值來享有競爭優勢，我們需要隔離績效優異的來源。為此，我們回到麥可‧波特的研究。

價值鏈分析

麥可‧波特使價值鏈分析變得更為普及，這個分析把一家企業視為「為了設計、生產、行銷、交付產品和提供產品支援而執行活動的集合體」。[15] 與波特密切合作的學者與編輯、對波特的研究提供精采闡述的瓊安‧瑪格瑞塔（Joan Magretta）寫道：「這

圖 4.4　價值的來源

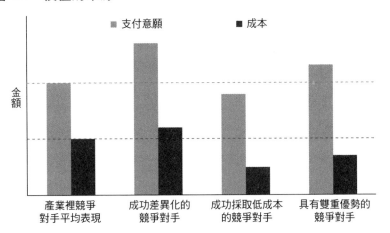

資料來源：Pankaj Ghemawat, *Strategy and the Business Landscape*, 4th ed. (New York: Ghemawat Publishing, 2017), 51. 經作者許可使用。

些活動是獨立的經濟功能或流程，例如管理供應鏈、運營銷售團隊、開發產品或將產品交付給顧客。」。[16]

波特和瑪格瑞塔認為，你無法藉由查看職能領域或整個公司來了解競爭優勢。相反地，你必須分析一家公司交付產品或服務所執行的獨立活動。每個活動都會幫助或削弱一家公司獲取並維持競爭優勢的能力。

波特提到，你可以藉由策略性地解構相關活動來分析一家公司相對於同業的成本狀況或產品差異化。產業裡公司之間的價值鏈比較，可以幫助你找出決定競爭優勢的差異點。

價值鏈分析與大多數的企業相關，尤其是參與兩種關鍵活動的產業：

- **垂直整合的活動。**垂直整合的企業從事的活動必須把所有原物料轉換成最終商品。價值鏈分析有助於確定一家公司執行那些活動是否相對有效率。當一家公司可以將低報酬的活動大幅改進或外包時，這個分析尤其有用。
- **容易受到技術變革影響的活動。**技術會導致價值鏈解體，而且讓公司專注在一系列範圍狹窄的活動上。仰賴少數活動來獲利的垂直整合公司，可能會受到能夠更好執行特定活動的專業公司威脅。

圖 4.5 顯示的是價值鏈，這讓你可以將一家公司的活動分解成具有策略意義的重要部分，並評估這家公司的活動相較於其他產業參與者的表現。

瑪格瑞塔提出一些使用價值鏈的方法來確定一家公司的潛在競爭優勢來源：

- **從公司到產業進行比較。**查看各產業活動的配置方式，

圖 4.5 價值鏈

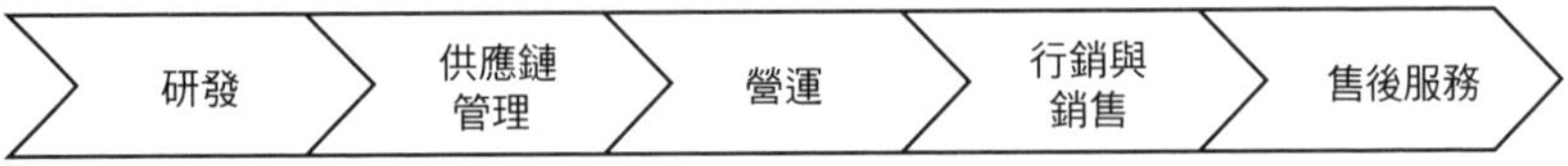

研發 ＞ 供應鏈管理 ＞ 營運 ＞ 行銷與銷售 ＞ 售後服務

資料來源：Joan Magretta, *Understanding Michael Porter: The Essential Guide to Competition and Strategy* (Boston, MA: Harvard Business Review Press, 2012), 76. 經許可使用。

找出可能反映競爭優勢或劣勢的差異點。一家價值鏈與同行非常相似的公司，可能陷入波特所稱的「競爭到最好」的陷阱，這條路通常導致業績不佳。

● **確認價格驅動因素或差異化來源。**為了創造卓越的價值，一家公司需要以不同的方式執行活動，或是執行不同的活動。這需要做出權衡，決定在到達策略交叉口的時候不朝另一條路走。差異可能來自價值鏈上的任何地方。

● **確認成本驅動因素。**估算每項活動的相關成本，並找出公司成本結構與競爭對手的差異。通過識別成本優勢或劣勢的具體驅動因素，你可以獲得關鍵見解。

瑪格瑞塔認為，價值鏈思維帶來兩個重要後果。首先，活動不再只是成本，而是增加最終產品或服務價值的步驟。這使得企業能夠將價值鏈與客戶價值創造直接對應起來。其次，這種分析強迫我們從更廣泛的角度來看公司，將其他實體納入更大的價值系統中。例如，像亞馬遜這樣的電商企業依賴及時交付產品，他們需要確保所依賴的運輸合作夥伴能夠按時完成工作。

到這一點，你應該已經形成了對這個行業的整體看法，包括其獲利能力和可能中斷的風險驅動因素，並對你研究的公司潛在的競爭優勢有了深入了解。這項評估將幫助你判斷公司是否有可能達到、低於或超過股價所隱含的財務表現預期。

資訊經濟學

數十年來，許多公司的主要投資形式已經從實體資產轉向無形資產。這會影響這些投資在財務報表上的呈現方式，而且需要了解實體產品和知識型產品之間的區別。經濟學家卡爾・夏培洛（Carl Shapiro）和海爾・韋瑞安（Hal Varian）在《資訊經營法則》（*Information Rules*）一書中有力地證明，基本的經濟原理在資訊經濟中仍然有效。[17] 關鍵在於，基於知識型資產的公司與基於實體資產的公司有不同的特性，因此我們必須用稍微不同的方式來評估它們。

在這一節，我們會重點介紹其中的一些特性，並分享我們發現很有用的兩個模型。在幾乎所有的情況下，這些模型都與我們之前探討過的架構一致。以下是資訊商品值得考量的一些屬性：

- **前期投入成本高、增加成本低**。許多知識型產品的第一次創造成本非常高，然而，一旦轉換成數位形式，它們的複製和交付成本則相對低廉。以軟體為例，微軟每年花費數十億美元進行研發，但複製和交付軟體的成本卻非常低。因此，微軟享有「遞增的報酬」，即每增加一單銷售，營收帶來的現金流和盈餘會增加，而不是遞減。

- **網路效應**。當一項產品或服務的價值隨著更多使用產品或服務的成員增加時，就存在網路效應。就像一個例子，Uber 是一家對乘客和駕駛都有吸引力的轎車公司，正是因為很多乘客和駕駛都聚集在平台上。在特定的產業類別中，正向回饋（positive feedback）往往意味著一個網路成為主導者。因此在贏家通吃的市場發展下，隨著產業獲利移往主導的玩家，不確定性就會增加。對贏家的期望會增加，而對輸家的期望會下降。

- **鎖住效應**。一旦客戶為了特定產品開發出用戶技能，或是為一個產品設定公司標準，即使對手的產品性能更好或價格更低，它們在轉換成競爭對手的產品時往往會猶豫。因此，這家公司就「鎖住」客戶，使他們更傾向於購買升級產品，而非選擇其他競爭對手的產品。這種效應常見於品牌培訓、忠誠度計畫等。（loyalty programs）。[18]

接下來我們檢視由班‧湯普森（Ben Thompson）創立的模型，班‧湯普森是自媒體 Stratechery 的作者，專門探討科技產業的策略。湯普森開發出聚合網站和平台理論（theories of aggregators and platforms），有助於解釋各公司在技術和媒體產業的競爭地位。以下是這些模型的簡要摘要：

● **聚合理論**（*Aggregation theory*）。聚合網站是整合來自供應商的豐富內容，並讓用戶可以輕鬆取得內容的公司。Google 就是一個典型的例子。你在 Google 上搜尋，會連結到在搜尋結果中感到滿意的網站。湯普森認為，成功的聚合網站有三個主要特性：它們擁有與用戶的關係、服務新用戶的邊際成本是 0（或非常低），以及取得用戶的成本會因為正向回饋而下降。其他聚合網站的例子包括 Netflix、Airbnb 和亞馬遜。

● **平台公司**。平台公司促進第三方供應商和最終用戶之間的關係。一個例子是 Shopify，這是提供商店經營服務的商務平台，並提供零售銷售點系統。Shopify 沒有直接跟平台上商家的客戶交易，相反地，它提供這些商家在這個市場上有效經營而必備的工具。這些企業創造一個生態系統，而且取得創造價值中的一小部分。其他平台的例子包括 Stripe、微軟的視窗生態系統和亞馬遜網路服務（Amazon Web Services）。

聚合網站享有規模經濟，因此創造一個龐大的進入壁壘。而平台成為生態系統不可或缺的一部分，因為它們為用戶創造大量的轉換成本。這些主要投資在無形資產的公司，有許多都無法消除產業驅動因子和具體的競爭優勢來源的重要性。

在數位世界中，客戶轉向訂閱制來解決需求和期望的情況愈來愈多。我們曾把實際的照片塞進鞋盒裡，但現在有訂閱制可以把它們用數位存在 iCound 相簿。去電影院的旅程有部分已經被遙控器和 Netflix 的訂閱制所取代。許多公司之前常常購買套裝軟體，但現在則是訂閱軟體即服務（software as a service, SaaS）。

行銷學教授丹尼爾‧麥卡錫（Daniel McCarthy）和彼得‧法德（Peter Fader）開發稱為「基於客戶的公司價值評估」（customer-based corporate valuation, CBCV）[19] 這個方法藉由分析客戶關係經濟學（the economics of customer relationships），從下到上評估一家公司。一個客戶的價值是客戶在成為客戶期間產生的現金流量現值，扣除取得這個客戶的成本。現金流量是營收減去所有相關的成本。客戶維繫一般會以流失率表示，或是在特定期間內停止使用一家公司的產品或服務的客戶比例來表示。

　　客戶終生價值的概念已經存在幾十年。基於客戶的公司價值評估法主要的貢獻是有能力準確預測銷售成長，這非常有用，因為銷售成長一般都是最重要的經營價值驅動因子。要進行一個適當的 CBCV 分析，你需要一個客戶取得模型去了解多快會有新客戶加入、一個客戶維繫模型來了解他們維持積極買家表現的時間有多長、一個購買模型去了解他們有多常購買產品或服務，以及一個模型去了解他們交易時會買進多少東西。[20] 大多數公司並不會接露如此詳細的資訊，但是在很多情況下，有機會做出有根據的估計。

　　麥卡錫和法德使用這些模型來產生營收預期，然後減去相關的成本來定義自由現金流量。他們的價值評估模型是根據傳統的現金流量折現法。我們把這個討論放進資訊經濟學，因為取得客戶的成本一般會呈現在損益表的費用上。這些成本的例子包括行銷費用和免費試用的費用。

雖然你可以使用 CBCV 來估計一家公司的價值，不過我們相信這個方法如果作為預期投資法的工具會更為強大。一家公司的股價會讓你確定你需要相信那些關鍵客戶指標來證明目前的股價是合理的。反過來說，客戶業務的經濟學更大程度是仰賴公司在哪個產業競爭，以及公司的戰略地位。

預期投資法不只與經營價值驅動因子的預期變動有關，它還可以藉由結合預期的基礎架構和競爭策略分析，幫助投資人明智判斷可以在哪裡找出潛在有利可圖的機會。

重點整理

● 預測修正預期最可靠的途徑是預見一家公司競爭動態的改變。

● 管理階層和投資人有不同的業績難題。管理階層試圖得到高於資金成本的報酬，投資人則試圖正確預測市場預期的改變。

- 歷史業績與產業概況可以揭示經營價值驅動因子的潛在變化，特別是哪些驅動因子過去最具波動性，以及產業的穩定性如何。這類分析有助於對市場預期範圍進行現實檢驗。

- 五力分析模型有助於說明產業獲利能力的驅動因子，而破壞式創新模型則會顯現企業經營潛在的脆弱性與機會。

- 當客戶的支付意願超過公司的機會成本時，公司就會創造價值。各個公司可以藉由擁有支付意願高於平均水準（差異化）、低於平均成本（成本優勢）或兩者兼具來取得優勢。價值鏈分析有助於查明優勢的來源。

- 經濟規律沒有改變，但重要的是要認識實體商品和知識型商品業務有不同的特徵。

PART 2

開始執行

第五章

估計股價中隱含的預期

投資人必須正確預測股市預期的變化，才能得到優異的投資報酬。但是在你能夠考量預期修正的可能性和幅度之前，你必須清楚了解今天的預期是什麼。

如果問一般投資人是否有興趣了解市場的預期，他們可能會異口同聲地說「是」。然而，當你進一步詢問他們是如何解讀市場預期時，他們往往會依賴一些當期的統計數據，例如短期盈餘或本益比。儘管這些投資指標非常普遍，但它們並無法全面反映今日市場預期的經濟意涵，因為它們與股東價值之間沒有可靠的聯繫。

你必須從市場的角度去思考，才能正確解讀包裹在股價中的預期。長期現金流量折現模型最能反映股票市場的訂價機制。然而，投資人也有理由認為，預測遠期的現金流量風險極高。因為這種預測往往會顯示出投資人自身的偏見，而非真正的未來走向。就像巴菲特說到：「預測通常會告訴我們更多與預測者有關的事，而不是告訴我們未來的事。」[1] 那麼，你該怎麼辦？

理想的解決方法就是使用現金流量折現模型，但無需承擔預測現金流量的負擔。這正是預期投資法的核心理念。預期投資法不是從預測未來現金流開始，而是從當前的股價入手，透過現金流量折現模型來「解讀」市場隱含的未來業績預期。（見圖 5.1）

可以這樣想：個人要預測未來的不確定性往往不如市場的集體智慧，那麼為什麼不直接從股價中獲取市場已經隱含的預期呢？

許多投資人和高階經理人會對股價有些疑慮，認為股價無法一直正確傳達價值。但是預期投資法的投資人有不同的看法。對他們來說，股價是最好且最少被利用的資訊來源。股票價格，也就是買賣雙方願意交易的價格水準，在任何時間都是最清楚可靠的市場預期指標。你只需要知道如何解讀今天的市場，而且預測明天的預期可能是什麼。

在解釋如何解讀預期之前，還有最後一個看法要說明。我們以老師、證券分析師和顧問的身分對許多股票進行預期分析，結果通常會讓投資人和公司的高階經理人感到驚訝。

圖 5.1 預期投資法流程

| 估計價格隱含的預期（PIE） | → | 辨識預期機會 | → | 決定買進、賣出或持有 |

假設投資人認為市場只關注短期表現，卻驚訝地發現市場實際上是以長期眼光來看待公司。同樣，企業高層往往本能地認為市場低估了他們公司的股票價值，但他們常會驚訝地發現，市場的預期比他們自己的預期更有野心。因此，在你初次解讀股價隱含的市場預期時，可能會感到意外。

解讀預期

在第二章中，我們說明了自由現金流量、資金成本和預測期間的組合將決定現金流量折現模型的價值。我們還會注意到，預期投資法使用相同的計算工具，但是將流程倒過來，從股價開始，然後估計現金流量、資金成本與預測期間的預期，來證明股價合理。

以下是一些解讀預期的操作指南。雖然你應該會發現這些技巧很有用處，但是要注意，解讀預期既是一門藝術，也是一門科學。解讀預期的能力會隨著經驗和產業知識而逐步提升。

最後，在進行預期投資法的這個步驟時，應避免帶有任何先入為主的觀念。此時的目標是解讀市場的思維，而不是預設結果。稍後，你會有機會在另一個步驟中評估這些預期的合理性。

現金流量

你可以查閱很多資料來源來建立市場對銷售成長率、營業利益率和投資成長率普遍的預測。這些來源包括《價值線投資調查》、《晨星》（Morningstar）、FactSet、《彭博》、《標普智匯》（S&P Capital IQ）、《路孚特》（Refinitiv）、華爾街的報告，以及管理階層提供給投資人的資訊。為了評估市場普遍預測經營價值驅動因子的合理性，要根據競爭情勢來評估產業環境。最後，回顧過往經營價值驅動因子的表現，並注意過去和預期表現之間任何可觀的差異。

資金成本

使用第二章〈市場如何評價股票？〉中所概述的方法來估計

一家公司的加權平均資金成本，以下是一些額外的指引：[2]

- 《彭博》和 FactSet 是提供估計資金成本的幾家服務公司。
- Beta 值可以從很多來源取得，包括《彭博》、《價值線》、《標普智匯》和 雅虎財經（Yahoo Finance）。
- 金融學教授達摩德仁、多家券商與道橫（Duff & Phelps）等顧問公司有提供前瞻性的市場風險溢酬估計。

非營業項目資產與負債

你通常不必估計非營業項目資產或公司負債，像是計息債務或提撥不足的退休基金（underfunded pension funds），因為它們會出現在資產負債表上。

常見的非營業項目資產包括超額現金和有價證券、關係企業的非合併子公司和投資、超額提撥的退休基金，以及稅損結轉（tax loss carryforwards）。在估計非營業項目資產與負債時，一定要考量資產負債表上認列的價值和市場價值之間的差異，以及稅負影響。

▌市場隱含預測期間

最終決定價值的關鍵因素是能夠證明股價合理所需的自由現金流量年數，我們稱之為「市場隱含預測期間」（也稱為「價值成長期間」或「競爭優勢期間」，這個概念與「衰退率」的概念相符）。[3]

實際上，市場隱含預測期間衡量的是「市場預期一家公司能夠持續從新增投資中獲得高於資金成本報酬的時間」。這個模型假設在市場隱含預測期間結束後，公司進行的額外投資僅能賺回資金成本，因此不會進一步增加價值。美國股票的市場隱含預測期間在 5 到 15 年之間，但對具有強大競爭地位的公司而言，這個數字的範圍可以從 0 到長達 30 年。[4]

個案研究：達美樂披薩

藉由分析跨國披薩連鎖餐飲公司達美樂披薩的股票，來讓這個概念更為具體。當我們在 2020 年 8 月分析這檔股票時，達美樂的在外流通股數有 3930 萬，股價大約是 418 美元，市值約為 160 億美元。

現金流量

為了估計股價 418 美元所隱含的預期,我們檢視《晨星》、《價值線》和分析師的估計。我們得到以下市場普遍的預測:

銷售成長率	7.0%
營業利益率	17.5%
現金稅率	16.5%
固定資產增加率	10.0%
營運資本增加率	15.0%

銷售成長率、營業利益率和現金稅率決定稅後淨營業利益(NOPAT)。固定成本和營運資本增加率告訴我們每增加一美元的銷售,達美樂要投資 0.1 美元的固定資本(或是說資本支出減去折舊),以及 0.15 美元的營運資本。這是我們對於市場認為達美樂披薩經營價值驅動因子表現的最佳估計。

資金成本

在分析的這個時刻,美國十年期無風險公債殖利率是 0.65%,市場風險溢酬估計為 5.1%,而且 beta 值是 1.0。為了估計 beta 值，我們從產業的未舉債 beta 值開始，並用來反映達美樂的資本結構。雖然以股價計算的 beta 值比 1.0 還低，但產業數據更能代表我們判斷達美樂的風險。因此，達美樂的股東權益成本為 5.75%〔0.65% +（1.0×5.1%）= 5.75%〕。

達美樂的稅前債務成本是 4.55%，使稅後債務成本為 3.8%〔4.55%×（1 − 16.5%）= 3.80%〕。達美樂的債務占總資產比例大約 20%，因此加權資金成本是 5.35%〔（0.80×5.75%）+（0.20×3.80%）= 5.35%〕。

▍非營業項目資產和債務

截至 2019 年底，達美樂的非營業項目資產包括約 3.9 億美元的多餘現金和有價證券，相當於每股 10 美元。達美樂的負債幾乎全是債務，總計大約為 41 億美元，即每股 105 美元。

市場隱含預測期間

以下是我們計算達美樂 8 年的市場隱含預測期間的方法。從 2020 年開始，我們計算達美樂在每年年底的每股股東價值（表

5.1）。請注意，我們使用永續並有通膨法來計算持續價值，因為我們相信達美樂的稅後淨營業利益和投資在市場隱含預測期間之後會隨著通貨膨脹增加。接著，我們盡可能延長預測期間，直到每股價值等於目前的股價為止。

我們估計達美樂在 2020 年底的價值是每股 285 美元，而且每年都會增加，直到在 2027 年底（第八年）達到 418 美元的股價。因此，市場隱含的預測期間是 8 年。

為什麼要重新審視預期？

第十二章會專注探討預期修正的機會來源。但是當股價出現重大變化或一家公司接露重大消息時，你應該要準備好重新審視價格隱含的預期。通常，這兩件事情會同時發生。

舉例來說，因為盈餘不如預期而使股價大幅反應的公司，理所當然是重新審視預期的可能標的。盈餘與預期不同，不管情況對公司有利還是不利，有時都會導致市場反應過度。

以通信設備製造商繽特力（Plantronics）2019 年 11 月的公告為例。繽特力沒有達到銷售與盈餘預期，獲利目標減少，而且提到要減少銷售管道的產品存貨。儘管公司表示營收下滑是「短暫

表 5.1　計算達美樂披薩的市場隱含預測期間（單位：百萬美元）

	2019	2020	2021	2022	2023	2024	2025	2026	2027
營收	$3,618.8	$3,872.1	$4,143.1	$4,433.1	$4,743.5	$5,075.5	$5,430.8	$5,811.0	$6,217.7
營業利益	629.4	677.6	725.0	775.8	830.1	888.2	950.4	1,016.9	1,088.1
減去：營業利益的現金稅	105.2	111.8	119.6	128.0	137.0	146.6	156.8	167.8	179.5
稅後淨營業利益（NPOAT）	524.2	565.8	605.4	647.8	693.1	741.7	793.6	849.1	908.6
投資		63.3	67.8	72.5	77.6	83.0	88.8	95.0	101.7
固定資本投資增加		25.3	27.1	29.0	31.0	33.2	35.5	38.0	40.7
營運資本投資增加		38.0	40.7	43.5	46.5	49.8	53.3	57.0	61.0
自由現金流量		502.5	537.7	575.3	615.6	658.6	704.8	754.1	806.9
自由現金流量現值		476.9	484.4	491.9	499.6	507.4	515.3	523.3	531.5
累積的自由現金流現值		476.9	961.3	1,453.2	1,952.8	2,460.2	2,975.5	3,498.8	4,030.3
持續價值的現值		14,523.2	14,749.7	14,979.7	15,213.3	15,450.6	15,691.5	15,936.2	16,184.8
公司價值		15,000.1	15,711.0	16,432.9	17,166.1	17,910.8	18,667.0	19,435.1	20,215.1
加上：非營業項目資產		391.9	391.9	391.9	391.9	391.9	391.9	391.9	391.9
減去：債務和其他負債		4,170.0	4,170.0	4,170.0	4,170.0	4,170.0	4,170.0	4,170.0	4,170.0
股東價值		11,222.0	11,932.9	12,654.8	13,388.0	14,132.7	14,888.9	15,656.9	16,437.0
每股股東價值		$285.18	$303.25	$321.60	$340.23	$359.15	$378.37	$397.89	$417.71

性的因素導致」，而且重申長期前景，但是市場的反應是迅速暴跌 37%。[5] 如果一家公司的聲明顯示對長期營收和盈餘有較低的預期，那麼暴跌是有道理的。另一方面，如果成長的中斷確實是暫時性的，那麼較低的股價可能代表可以買進的機會。

重要新資訊的幾個例子包括合併和併購交易、重大的買回庫藏股計畫，以及高階主管薪資獎勵計畫的重要改變。我們會在第十章討論合併和併購的訊號隱含的意義，並在第十一章討論買回庫藏股計畫的訊號隱含的意義。

重點整理

- 為了正確解讀預期，你必須從市場的角度來思考。預期投資法可以讓你利用現金流量折現模型的優點，而且不需要預測長期的現金流量。

- 在考量預期修正的可能性和幅度之前，你需要清楚了解目前的預期情況。

- 你可以用公開取得的資訊來源去估計價格隱含的預期。

- 當股價明顯改變或一家公司接露重要的新資訊時，你應該要重新審視對預期的分析。

第六章

辨識預期機會

我們現在轉向預期投資法流程的第二步：辨識預期機會（圖6.1）。某些預期的修正不可避免地會比其他修正更重要。專注於關鍵點能夠讓你更有效率地分配時間，並提升找到高潛在報酬的機率。

圖 6.1　預期投資法流程

首先，你需要隔離出最可能對股東價值產生最大影響的價值觸發因素。我們稱之為「渦輪觸發因素」。就像汽車的渦輪增壓系統能顯著提升馬力一樣，「渦輪觸發因素」可以幫助你識別出最重要的關鍵點。目標是在當前價格隱含預期與未來修正之間，找到顯著且有機會改善的差異。

尋找預期機會

辨識預期機會的基礎包含兩個數據集和兩個工具（圖 6.2）。兩個數據集是歷史表現和價格隱含預期，也就是市場對公司未來表現的預期。過去的表現可以作為一種實質審查，審查對價格隱含預期的合理性，以及你對預期可能修正的評估。

兩個工具是預期的基礎架構（第三章）與競爭策略分析（第四章）。預期的基礎架構可以對股東價值的潛在來源進行系統性分析。競爭策略分析則讓你評估產業的吸引力與一家公司選擇的策略。這些工具結合起來可以為市場預期的潛在修訂提供不可或缺的見解。

評估觸發因素

預測預期的機會有幾個步驟，這可以讓你辨識渦輪觸發因素，並改善你對股東價值預期影響的估計。

圖 6.2　辨識投資機會

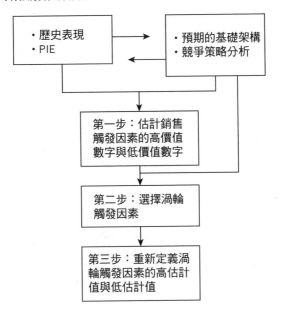

- 歷史表現
- PIE

- 預期的基礎架構
- 競爭策略分析

第一步：估計銷售觸發因素的高價值數字與低價值數字

第二步：選擇渦輪觸發因素

第三步：重新定義渦輪觸發因素的高估計值與低估計值

▍步驟 1：估計銷售觸發因素的高價值數字與低價值數字

我們先從銷售觸發因素開始著手，因為銷售的變動通常對股東價值帶來最大的影響。以銷售為起點，還能讓你快速判斷是否需要將精力放在其他兩個價值觸發因素（經營成本和投資）上，這樣可以大幅減少分析工作量，讓你專注於關鍵問題。

要估計銷售觸發因素對股東價值的影響，首先需要估計各種銷售成長率情境，包括高成長和低成長情況。利用基準數據（歷史表現和價格隱含預期）及分析工具（預期的基礎架構和競爭策略分析）來建立這些預測。

這個分析的核心在於仔細考量銷售成長率與四個價值構成因子（數量、價格與產品組合、營運槓桿和規模經濟）之間的關聯性。這樣你可以評估各種銷售成長率如何影響營業毛利率，進而推算出相應的股東價值。分析結果將顯示銷售成長波動如何改變股價。

對於一些公司，尤其是營運槓桿比較大的公司，銷售驅動的價值構成因子會對營業利益率產生大幅的正面與負面影響。在其他情況下，價值構成因子會相互抵銷。舉例來說，像沃爾瑪和好事多這樣的市場領導者，會透過較低價格將規模經濟和成本效益轉嫁給消費者。而對於其他公司來說，銷售變動對營業利益率的影響可能不大，不足以進行深入分析。

這個步驟還能幫助確定經營成本或投資這兩個驅動因素需要多大程度的變動，才足以成為影響股東價值的「渦輪觸發因素」。

▌ 步驟 2：選擇渦輪觸發因素

要判斷成本或投資是否有資格成為「渦輪觸發因素」，可以通過比較它們與價格隱含預期（PIE）的差異，並計算其對股東價值的影響是否超過銷售驅動因素的影響。

假設你要估計一檔目前股價 20 美元的股票價格隱含預期。藉由預期的基礎架構過濾，銷售成長率高估與低估時的股東價值分別是每股 30 美元與 10 美元。使用預期的基礎架構來計算高營業利益率與低營業利益率，只考慮成本效率的結果，需要對股東價值產生一種可以比較的影響。查看這個結果並考量這個營業利益率成為那個變數的可能性。

假設一檔股票的現價是每股 20 美元。經過預期基礎架構分析後，銷售成長率的高估情況下股東價值為每股 30 美元，低估情況下則是 10 美元。接下來，使用同樣的預期基礎架構，計算營業利益率的變化對股東價值的影響，僅考慮因成本效率帶來的變化。然後評估這些營業利益率變動的可能性。

舉例來說，如果股價 20 美元隱含的營業利益率是 10%，高銷售成長率情境下的預測股價為 30 美元，毛利率為 17%；而低銷售成長率情境下的股價預測是 10 美元，毛利率為 3%。接著，你可以評估潛在的成本節省是否足以成為渦輪觸發因素。同樣，你也可以對投資觸發因素進行類似的測試，評估投資增加率的變化。

如果股東價值對成本或投資的變動非常敏感，使它們有資格成為渦輪觸發因素，那麼你應該進一步分析這些觸發因素，評估其影響的經營價值驅動因子的高低範圍（如營業利益率或投資增加率），並計算由此帶來的高股東價值與低股東價值。

資金成本與市場隱含預測期間呢？

我們來看看為什麼在尋找預期機會時，應主要專注於價值觸發因素及其產生的價值驅動預測，而不是資金成本或市場隱含預測期間。

先從資金成本開始說起。利率改變會影響股價，因為它們會影響折現率。通常利率的改變（而非業績預期的修正）可以解釋股價的變動。然而，依賴利率預測來選擇個股是一個低勝率的策略，因為利率變化會影響所有股票，儘管不同股票受到的影響程度各異。因此，如果你對利率走勢有明確的看法，應考慮調整股票、債券和現金的配置比例，而不是單單聚焦於個別股票。

接著是市場隱含預測期間。以我的經驗來說，同一產業中的公司，其預測期間通常會集中在一個相對狹窄的範圍內。如果某家公司的市場隱含預測期間顯著長於或短於同業，那你應該仔細檢查價格隱含預期的經營價值驅動因子，以確保這些預期已準確反映市場共識。如果這家公司的競爭狀況接近產業平均水準，那麼較短的預測期間可能意味著買進機會，而較長的預測期間可能發出賣出信號。

固定的市場隱含預測期間相當於持續的預期變動。舉個例子，假設一家公司今天的預測期間是 4 年，並且一年後保持不變。如果預期沒有變化，那麼一年後的市場隱含預測期間應為 3 年而不是 4 年。在這種情況下，買進此股票的投資人可以額外獲得一年的「紅利」，即預期的正向轉變會創造額外的報酬，前提是公司的經營價值驅動因子沒有相應的變動來抵銷這些預期的改變。

步驟 3：重新定義渦輪觸發因素的高估計值與低估計值

在決定是否買進、賣出或持有股票之前，你應該改進最初對渦輪觸發因素變動性的估計。具體來說，需要更深入地分析價值的領先指標。領先指標是當前可測量且能顯著影響渦輪觸發因素的成果，進而對股東價值產生影響。例如，客戶維繫率、新產品上市速度、按時開設新店的數量、品質改善的進展，以及從訂單到發貨的平均週期時間等。通常，兩到三個關鍵指標會對渦輪觸發因素的變動占據很大的比例。

需要避免的陷阱

我們偶爾都會陷入心理陷阱，使我們無法取得更高的投資報酬。當我們使用經驗法則或捷思法（heuristics）來降低決策過程中的資訊需求時，這些陷阱就會出現。儘管捷思法可以簡化分析，但也可能導致影響決策品質的偏見。直覺往往會建議某種行動方案，但更深思熟慮的分析可能證明該方案並非最佳。在判斷潛在的預期修正範圍時，應當避免兩種常見的偏見：過度自信與確認偏誤。讓我們更深入地探討這些陷阱。

研究發現，人們經常會高估自己的能力、知識和技能，尤其在他們不熟悉的領域中。過度自信有多種形式，其中一種是高估情境，這意味著你認為自己在某件事上的表現比實際更好。另一種是自視甚高，這指的是你認為自己在某些任務上比他人做得更好。而與我們密切相關的形式是過度精確（overprecision），這意味著你對自己知識的正確性過於確信。[1] 例如，證券分析師在回應一些他們不太可能知道的問題時（例如非洲的總土地面積），他們選擇的答案範圍僅能涵蓋正確答案的 64%。基金經理人的成功率甚至更低，只有 50%。[2]

當你在估計銷售成長率的高低範圍時，請記住過度精確這一概念。一個常見的錯誤是設想的結果範圍過於狹窄。舉例來說，若你估計的範圍太窄，可能會錯誤地認定渦輪觸發因素是成本或投資，而實際上應該選擇銷售變動。如果範圍估算不準確，將可能導致誤導性的結果。

你要如何避免過度精確的問題？有幾個簡單而實用的方法：

● 將估計的範圍與這家公司過去的表現、同業和更廣泛的公司進行比較。

● 尋求其他人的回饋意見。

● 追縱過去的分析，並從錯誤中吸取教訓。

第二個常見的陷阱是確認偏誤，這會發生在我們只尋找證實自身信念的資訊時，並對不同的觀點置之不理、忽略或打折扣。這種偏誤在預期投資法流程的兩個部分中可能出錯。

第一個部分是當你解讀價格隱含預期時。此時的目標應該是暫時擱置自己的觀點，保持客觀，盡可能地理解市場的看法，只有在了解市場的看法之後，才能加入自己的分析。第二個部分則是當你根據新資訊調整自己的觀點時。在我們做決策時，總是希望自己的決策是正確的，這使得我們不願承認新資訊顯示我們可能錯了。有實驗顯示，投資者更傾向於閱讀支持其觀點的文章，而不是挑戰其觀點的文章。[3] 聰明的人特別容易受害，因為他們特別擅長證明自己的信念是正確的。

要如何避免確認偏誤？你可以採取以下一些預防措施：

● 在進行價格隱含預期分析時，把自己的信念放在一邊。

● 從不同角度來查看決策

● 記錄下你的看法，並在新資訊證明有必要更新的時候有紀律的做出更新。

個案研究：達美樂披薩

現在繼續討論達美樂披薩的案例，來強化剛才討論的分析。上一章並沒有深入討論達美樂披薩的策略和經營，因為我們的目標是估計價格隱含預期。現在我們需要使用一整套的工具來建立起這家公司更完整的面貌。

達美樂披薩是世界上零售金額最大的披薩公司。截至 2019 年底，這家公司在全球 90 個市場擁有超過 1 萬 7000 個據點，零售金額超過 140 億美元。大約 35% 的商店位於美國，其餘的商店則遍布世界各地。幾乎所有的店面都是由獨立的特許經營商所擁有和經營。而達美樂直營的數百家店面則可以讓它測試新技術、促銷效果與經營改善情況。

達美樂的主要收入來源是向特許經營商收取基於營收的特許經營權加盟金和食材費用。在美國，達美樂直接與特許經營商對接，而在海外市場上，則與主要加盟商合作，這些加盟商擁有特定地區的經營權。這表明特許經營商的財務狀況對達美樂的成功至關重要。

此外，達美樂的供應鏈業務是公司最大的部門，負責向美國及部分海外市場的店面提供食品和其他物品。這項業務讓特許經營商能夠獲得品質一致的原材料，並通過技術提升訂單和庫存管理的效率，同時從規模經濟中受益。供應鏈業務與特許經營商之間的利潤分享機制，使得特許經營商能夠從中獲得重要的利潤來源，並且確保特許經營商與達美樂母公司的利益一致。

達美樂披薩主要經營的是披薩產業的外送與外帶業務。在美國，2019 年的產業銷售金額大約是 380 億美元，其中一半外帶，30％是外送，20％是內用。達美樂在外帶市場的市占率是 16％，外送市場的市占率則是 35％。[4]

達美樂披薩在科技與數據的使用上是餐飲業的領導者，這很重要，因為全球零售金額中有超過一半來自電腦、手機和智慧手錶等數位管道。這家公司透過這些訂單了解終端使用者的大量資訊，這讓它們可以預測需求、評估新產品和促銷活動的效益，以及管理勞動力和庫存的成本。達美樂披薩的忠誠度計畫中有超過2500萬活躍用戶，數據庫裡則有8500萬客戶的資料。

▌競爭分析

策略分析的主要目標是預測潛在的預期修正。依循我們在第四章所概述的策略評估架構，我們針對達美樂披薩進行研究，以了解其產業中的競爭格局，並進行產業分析來評估市場特徵，最終聚焦於公司自身的特定優勢。

圖 6.3 展示了披薩產業的產業地圖，其中幾個點值得注意。首先，達美樂除了與其他大型國內外披薩連鎖店競爭外，還面臨來自約 40%市場份額的家庭式餐館的挑戰。除此之外，快餐業還有其他強大的競爭對手，如麥當勞、福來雞（Chick-fil-A）以及百勝餐飲集團（擁有必勝客、肯德基、塔可鐘等品牌）。其次，加盟商在這個產業中扮演著重要角色，因此了解他們的財務狀況對於評估產業健康度至關重要。最後，產業地圖顯示了客戶與披

圖 6.3 產業地圖

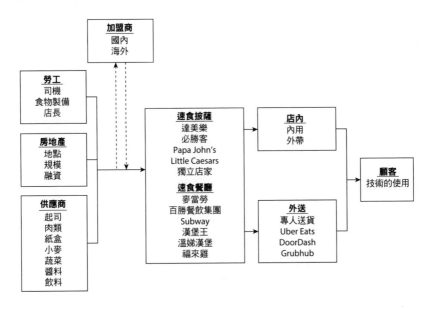

薩公司之間的互動方式，值得注意的是，達美樂並不參與內用市場的競爭，而是依靠數位管道來收集大量的客戶數據，並根據數據做出決策。

　　儘管我們不會進行完整的價值池分析，但很明顯可以看到，加盟商的獲利能力是這項分析的核心。簡單的說，由於達美樂的營收直接受到加盟商的銷售金額影響，因此它想要渴望成長、快樂與健康的加盟商。事實上，與美國主要競爭對手必勝客和 Papa John's 相比，達美樂的新店建設成本與開業成本是最低的。達美樂商店現金的現金報酬率（cash-on-cash return，定義是年度稅前現金流量除以投資的現金總額）超過 40％，相比之下，快餐產業平均則是 15％至 20％。[5]

2012 年，達美樂採取「建立堡壘」（fortressing）策略：在同區域的市場中增加更多商店，來增加商店密度。這個策略使客戶服務得以改善，讓送貨司機保持忙碌狀態，因此賺得更多，而且擴大外帶銷售量。從 2011 年至 2019 年，美國特許加盟店的獲利（稅前息前折舊攤銷前獲利）成長一倍。

加盟商的獲利能力也是股東價值的領先指標。達美樂的銷售成長率與加盟商的成長掛勾。

表 6.1 的市場份額測試顯示值得注意的幾個重點。近年來，達美樂的市場份額成長強勁，即使一些大型連鎖店已經失寵。這是在過去五年成長低於 2％的產業背景下達到的成果。獨立店家也失去一些市場份額，這與長期趨勢一致。跟其他產業相比，市場份額的整體改變相對較低，顯示這個產業相對穩定。

我們現在轉向產業分析。我們關注五個影響預期的力量，因為我們不認為達美樂有很大的風險會被其他公司顛覆：

● **替代品的威脅**：我們可以從兩方面來考慮替代品的威脅，

表 6.1　市場份額測試

披薩餐廳 （美國的銷售金額）	2014（%）	2019（%）	5 年絕對占比改變（%）
達美樂	9.9	14.2	4.4
必勝客	14.8	11.9	2.9
Little Caesars	7.9	7.9	0.1
Papa John's	6.4	5.9	0.5
其他連鎖餐廳	20.1	20.1	0.1
獨立店家	<u>40.9</u>	<u>40.0</u>	<u>0.9</u>
總計	100	100	
平均絕對占比改變			1.5

資料來源：Technomic and CHD Expert.

這很重要。第一個是替代的食物選項。披薩和很多產品競爭，而且顧客可以很容易用另一種食物選擇來替換。披薩類的產品穩定成長，顯示顧客持續在這類產品中找到價值並享受其中。另一種威脅是產品交付的方式。近年來，DoorDash 和 Uber Eats 這類的美食外送平台已經成為餐廳與顧客之間的中間商。早些年，這些企業得到大量資金的支援，導致市場上出現積極的促銷和折扣。這些平台的興起可能會重新組織餐飲業的價值鏈，使顧客更容易在多種食物選項之間切換。

● **買家的力量：** 達美樂把自己定位在價值區隔市場。並通過其高效的供應鏈支持。這使其能夠保持低成本和價格，免受買方力量的挑戰。這一結論也得到了加盟商健康利潤的支持。

● **供應商的力量**：供應商力量對達美樂來說並不是主要關注點。公司的主要成本包括起司、肉類、紙箱、小麥、蔬菜和醬汁。達美樂透過長期合約確保原材料供應，並且公司相信可以在不影響業務的情況下轉向第三方供應商。此外，達美樂的規模和密度使其能夠為食物製備和送貨員工提供有競爭力的薪資。勞動力和食物成本占其店面銷售額的 50% 至 60%。

● **進入障礙**：表面上，披薩產業的進入門檻似乎不高，因為資本需求相對較低且產品簡單。然而，獨立餐廳失去了一些市場份額讓給了連鎖品牌，顯示在這個市場中獲利並不容易。大型連鎖企業享有包括採購和廣告在內的規模經濟效應，以及大量消費者數據帶來的競爭優勢。在過去幾十年中，雖然有少數新興連鎖品牌進入市場，但它們的市場份額仍然相對較小。

● **公司之間的競爭**：在披薩市場內部競爭激烈，但達美樂是全球零售金額最大的品牌，而且旗下店面的報酬率最讓人心動。價格競爭是公司之間競爭的典型表現。達美樂已經將自己定位於價值市場，並擁有低成本結構，使得競爭對手難以提供更低的價格。達美樂的堡壘策略也使其能夠利用在地規模經濟，使其他競爭者很難與其有效競爭。

產業結構直接影響公司的獲利能力，而美國餐飲業整體具備良好的價值創造能力。儘管某些連鎖店的加盟商及較小經營者在努力增加價值，但該產業的結構仍足夠健康，這讓達美樂的每家店都能實現誘人的獲利能力。這也意味著，達美樂的母公司創造了相當可觀的價值。

當一家公司從其產品和服務中獲得的收益超過生產成本（包括資金的機會成本）時，就可以說這家公司在創造價值。我們已經看到這個產業的獲利強健，而達美樂在產業裡占據著非常有利的地位。接下來，我們將進行價值鏈分析，深入探討達美樂與其競爭對手之間的區別，並評估這些優勢是否可能受到未來預期修正的影響。（見圖 6.4）

價值鏈分析的第一步是了解這個產業。餐飲業是相當簡單的事業。商店收到用品、調理食品和飲料，並為顧客提供服務。這

圖 6.4　價值鏈

研發 〉 供應鏈管理 〉 營運 〉 行銷與銷售 〉 售後服務

資料來源：Joan Magretta, *Understanding Michael Porter: The Essential Guide to Competition and Strategy* (Boston, MA: Harvard Business Review Press, 2012), 76. 取得使用許可。

些基本活動在所有餐廳都很常見。

達美樂的供應鏈業務通過規模效應，使得北美的大多數門店能夠以具有競爭力的價格獲得品質一致的原材料。該供應鏈業務的目的不是成為公司的獲利中心，而是促進加盟商實現更有吸引力的經濟效益。雖然其他連鎖店也有專屬的供應公司，但較小規模的經營者通常依賴與餐廳目標不一致，或不完全適應每家店面菜單的食材配送公司。

策略的核心在於權衡取捨，達美樂最重要的決策之一是放棄提供內用服務。這一選擇使其門店面積更小、成本更低，同時簡化了營運流程，提升了勞動力的使用效率。

此外，達美樂專注於提高外送和外帶的效率，並通過高密度的門店布局進一步提升了這一效率。公司在每個市場每小時的訂單量遠高於行業平均水平，這不僅改善了消費者的體驗，也提升了店面的獲利能力。

技術方面的創新也使達美樂與同行做出差異化。達美樂一直以來都是數位系統的領導者，包括在銷售點使用的 PULSE 系統（PULSE system），這個系統幫助加盟商更有效率，並提供有價值的資訊給公司的管理階層。

競爭策略分析顯示，達美樂所處的產業相對穩定，在整體產業上創造適度的價值。公司透過專注於外送和外帶，而非內用服務，並利用技術與堡壘策略來確保加盟商的經濟效益，達美樂增加了可觀的價值。此外，該公司還在採購、技術和廣告方面充分利用了規模經濟的優勢。

▌歷史分析

對財務結果的歷史分析（表 6.2）提供以下與未來業績變化有關的線索：

● **銷售成長率**：過去五年，銷售成長一直保持在健康的兩位數範圍內，儘管其中約有 2.5 個百分點的成長來自會計方法的改變。供應鏈業務對美元銷售金額的貢獻最大，這與北美地區自營店與加盟店數量的成長相吻合。整體

表 6.2　達美樂披薩過去的經營價值驅動因子

	2015	2016	2017	2018	2019	五年平均
銷售成長率（%）	11.2	11.6	12.8	23.1	5.4	12.7
營業利益率（%）	18.3	18.4	18.7	16.7	17.4	17.7
固定資本投資增加率（%）	13.9	8.0	14.5	10.3	13.8	13.7
營運資本投資增加率（%）	−9.0	−1.3	10.6	7.5	−3.1	3.2

資料來源：達美樂披薩公司
注：五年平均銷售成長採用幾何平均。

來看，美國加盟店的數量每年成長 4.3%，平均同店銷售
金額增加 8.0%。海外經營的商店數量每年成長 10.7%，
而且同店銷售成長 4.6%。海外銷售金額的成長速度跟整
個公司的成長速度一致，反映出匯率對銷售金額成長的
負面影響。

● **營業利益率：**營業利益率在 2018 年最低點 16.7% 至 2017
年最高點 18.7% 之間波動。在較長時期內，營業利益率
隨著公司享受到營運槓桿的優勢而持續擴大。需要注意
的是，供應鏈業務的毛利率較低，通常接近 11%。公司
在總務和管理費用的控制上做得不錯，廣告費用則持續
超過營收的 10%

● **投資：**達美樂的業務不需要大量的資金。近年來，固定

資本投資的增加率平均在 15％以下，支出主要用在銷售點系統的技術、供應鏈營運的擴展，以及全新自營店與自營店的升級。營運資金的需求並不多。請注意，大多數的投資都落在加盟商身上，這就是為什麼確保加盟商的財務健全會是達美樂的成功關鍵。

▌辨識達美樂的預期投資機會

競爭分析和歷史分析顯示，銷售成長是最有可能的渦輪觸發因素，但是我們需要用數據來證實這個結論是否正確。

以下是我們在第五章介紹的達美樂價格隱含預期的共識預測數據。這些數據反映了 2020 年 8 月時 418 美元的股價，以及來自《價值線》和分析師報告的市場共識預測。競爭分析和歷史資料的檢視為辨識預期投資機會的三個步驟提供了背景脈絡。

銷售成長率	7.0%
營業利益率	17.5%
現金稅率	16.5%
固定資本增加率	10.0%
營運資本增加率	15.0%

步驟 1：估計銷售觸發因素的高價值數字與低價值數字

我們分析和檢視主要分析師的研究，顯示未來 8 年預測期間的銷售成長率範圍在 3% 至 11%。實務上來說，我們鼓勵你去檢視多種情境。我們為了簡化說明，在實務操作中，我們鼓勵考慮多種情境。為了簡化說明，我們僅展示低價值、高價值與市場共識的情境，以下是我們選擇這些情境的原因：

● 低價值情境：假設美國和海外的商店數量成長和同店銷售金額遠低於歷史標準和公司預測。公司直營店的銷售增加也比過去還低，而且供應鏈事業與國內銷售成長速度一致。在這種情境下，達美樂無法實現其預測的商機。

● 高價值情境。反映出在美國與海外有兩位數字以上的低銷售金額成長，而且開店速度和同店銷售金額成長的速度一致。供應鏈營收成長與美國的事業相似，而且自營店的營收有個位數字的高成長。

達美樂披薩與很多事業不同，公司創造價值的營收主要來自從加盟商收取的特許加盟金與食材費用。因此，這家公司的主要目標是通過技術應用、有效廣告及低成本供應，促進加盟商的財務健康。

　　預期的基礎架構幫助我們將渦輪觸發因素和銷售成長轉化成經營價值驅動因子。前兩個價值構成因子是數量和價格與產品組合。達美樂與快餐披薩產業相對不同的地方，在於它主要是透過更多的訂單數量來推動銷售成長，訂單量即代表數量，而在價格和產品組合上的成長有限。相比之下，其他快餐披薩產業最近幾年的成長只依賴於單筆訂單的價值增加。

　　達美樂從經營槓桿與規模經濟中受益，但對營業利潤率的影響有限。經營槓桿的例子如技術部署，雖然前期成本高昂，但分攤到眾多店面後成本較低。規模經濟存在於供應鏈中，使加盟商能夠維持低成本，並將這些成本轉嫁給消費者。

　　歷史數據顯示銷售金額變動與營業利潤之間的關係，反映了經營槓桿與規模經濟的效益。也就是說，達美樂更願意把獲利回饋給加盟商，而不是讓母公司賺得更多，因為公司認為，確保加盟商蓬勃發展是使長期價值達到最大的關鍵。

　　基於這些考量，高銷售成長率情境下營業利潤率提升 100 個基點，而低銷售成長率則會下降 100 個基點。

　　我們現在準備來確定銷售成長率的改變對股東價值的影響，以下是具體數字：

銷售成長率			估計價值		價值改變	
價格隱含 預期	低價值 情境	高價值 情境	低價值 情境	高價值 情境	低價值 情境	高價值 情境
7%	3%	11%	$290	$586	−30.6%	40.2%

　　這些數據告訴我們，如果我們將達美樂銷售成長率的預期從7％降低到3％，股價會下跌30％，從每股大約418美元下跌至290美元。另一方面，如果預期銷售成長率從7％增加到11％，會使股價增加40％至每股586美元。

步驟2：選擇渦輪觸發因素

　　成本和投資的價值觸發因素要如何才能比銷售金額對公司價值產生更大的影響呢？成本效率或無效率必須使價格隱含的營業利益率增加或減少超過4個百分點（或是說400個基點），才能與銷售成長的影響相當。然而，根據達美樂的成本結構來看，這樣的預期修正幅度似乎極不可能發生。因此，我們可以推斷，營業成本不會比銷售金額來得更重要。

　　同樣地，固定資本增加率和營運資本增加率的變動也必須經歷極端的修正，才能對公司價值產生與銷售成長相當的影響。根據達美樂的商業模式、競爭環境和歷史表現，這樣的情況不太可能發生。因此，我們可以相當有信心地得出結論：投資的影響力不如銷售金額來得重要。這項分析證實，銷售金額是達美樂的主要渦輪驅動因素。

步驟3：重新定義渦輪觸發因素的高估計值與低估計值

大多數繁重的分析工作現在都已經完成了。但我們仍然需要進一步完善對銷售引發股東價值變動的估計值。那麼，達美樂銷售成長的領先指標是什麼呢？

根據先前的討論，有兩個領先指標顯得尤為重要。首先是加盟商的財務健全狀況。雖然我們主要關注美國的加盟商，但評估達美樂海外業務的活力同樣重要，這些業務由主要加盟商透過特許經營權合約來經營。在達美樂的十大市場中，根據商店數量，有八個特許經營權由上市公司掌控。這些公司包括印度的Jubilant FoodWorks、英國的達美樂披薩集團（Domino's Pizza Group）和澳洲的達美樂披薩公司（Domino's Pizza Enterprises）。有獲利的加盟商，以及與加盟商的良好關係，對於建立健康的生態系統非常重要。

什麼是目標價格？

我們的……420 美元目標價是根據 30（倍本益比）× 新一年（2022）預估 EPS13.75 美元加上……現金來計算。*

——華爾街分析師

華爾街分析師喜歡提供目標價格，跟投資人喜歡看到目標價格成真一樣。不過，大多數的分析師都是胡亂假設基於會計原則估計的本益比來製造目標價。因此，他們幾乎沒有提供理解預期的實質資訊。

預期投資法流程能否說明目標價？當然可以。以下就是解讀目標價的方法。

首先是了解目前股價的價格隱含預期，然後決定渦輪觸發因素。這樣前置作業就準備好了。

使用目標股價，決定渦輪觸發因素的表現如何。接著你可以比較你的策略預期結果跟財務分析結果，來評估達成預期結果的可能性。

分析師肯定會很訝異，他們的目標價暗示他們關注公司的未來財務表現。

而且在他們從會計世界移往價格隱含預期世界之前，他們並不知道公司的目標價是多少。

* John Ivankoe, Rahul Krotthapalli, and Patrice Chen, "Domino's Pizza Inc: DPZ Maintains US Momentum While International Stabilizes. Remain OW for This COVID-Winner," *J.P. Morgan North America Equity Research*, July 16, 2020.

第二個領先指標是商店數成長率與同店銷售。獲利穩健的加盟商會尋求成長，從而增加達美樂的營收。像「建立堡壘」這樣的策略有助於推動商店數量成長，改善加盟商的經濟狀況，並抵抗競爭。達美樂並未試圖從加盟商中榨取更多利潤，而是採取支持他們成長和維持財務健全的策略。

上一章和這一章討論價格隱含預期的估計，並辨識預期機會。現在我們準備邁向預期投資法流程的最後一個步驟，並將我們從前兩個步驟學到的知識轉化為買賣決策。完成從價格隱含預期到買進（或賣出）股票的旅程，而這就是下一章的主題。

重點整理

● 如果你能識別出最重要的預期修正，將能提升找到高潛在報酬標的的機率。

● 辨識預期機會的基礎由四個組成部分構成。歷史表現和價格隱含預期提供數據，競爭策略分析和預期的基礎架構則提供分析工具。

● 辨識預期機會包含三個步驟：

步驟 1：估計銷售觸發因素的高價值數字與低價值數字。

步驟 2：選擇渦輪觸發因素。

步驟 3：重新定義渦輪觸發因素的高估計值與低估計值。

● 在估計股東價值範圍時要注意人類行為上的陷阱。

第七章

買進、賣出或持有？

我們現在轉向預期投資法流程第三個步驟，也是最後一個步驟，那就是決定買進、賣出或持有（圖 7.1）。在這一章，我們會說明如何把預測到的預期修正轉換為股票的預期價值，藉此把預期到的機會轉換成投資決策。接著我們會比較預期價值與目前股價，根據預期與現實情況的不一致來確認買進或賣出的機會。最後，我們會提供何時買進、賣出或持有股票的具體指引。

圖 7.1　預期投資法流程

預期價值分析

　　你已經確認了一家公司的渦輪觸發因素，並且制定了與市場共識不同的財務表現預期。然而，這還不足以讓你自信地做出買進或賣出的決策。若不考慮風險，分析是不完整的。你必須承認市場預期的未來走向存在不確定性。幸運的是，你可以使用預期價值分析（expected value analysis）來處理這種不確定性，並了解一支股票的相對吸引力。

　　預期價值分析對評估不確定的結果特別有用。預期價值是可能結果分布的加權平均值。你可以將某個結果的收益（例如股價）乘上該結果發生的機率，來計算預期價值。預期價值是這些加權結果的總和，可以看作一個單一的數字，代表了一系列可能結果的綜合價值。[1]

　　那麼你要如何決定收益和機率呢？第六章描述了估計收益的過程。首先，你需要將渦輪觸發因素（通常是銷售金額）隔離開來，然後開發出一系列可能的結果。接著，分析這些結果對價值構成因子的影響，進而估算經營價值驅動因子的變動。這樣，你就可以計算每個情境下的股東價值。

　　估計合理的機率是個挑戰，但我們可以借助一些決策分析工具來引導我們的分析。

諾貝爾經濟學獎得主康納曼（Daniel Kahneman）把內部觀點與外部觀點區分開來。[2] 面對問題時，我們大多數人都會蒐集資訊，結合自身經驗，並給出一個答案，這就是內部觀點。然而，內部觀點常常未能考慮足夠廣泛的結果，並且過於樂觀，這在投資領域是常見的錯誤。

外部觀點則將問題視為更大類別的一部分，促使你檢視過去相似情境的結果或基準率（base rate），這能幫助你擴展參考框架，使預測更加準確。舉例來說，達美樂披薩在 2020 年的銷售金額約為 41 億美元。外部觀點不會只仰賴我們由下而上的預測，還會考量所有相同規模公司的成長率的範圍。歷史上來看，這些公司有超過 80％的 5 年銷售成長率在 -5％至 15％之間，經通膨調整後，平均成長率只略高於 5％。[3]

外部觀點沒有被充分利用有兩個原因。首先，我們大多數的人，包括投資分析師，對自己擁有的資訊和數據抱持毫無根據的高度信任。這就是過度自信的問題。其次，許多投資人沒有取得基準率的準備，因此對各種情境下的收益和發生機率一無所知。

當然，基準率不是靈丹妙藥。公司業績的分布，包括銷售成長率、營業利益率趨勢，以及所需的投資率，都會隨著時間改變。但把基準率引進你的考量裡面，會幫助你判斷預期是否合理。

你需要擁有「可改變的感知」，來證明買進或賣出一檔股票是合理的。可改變的感知是一種與市場反映出的看法不同且有根據的觀點。當你認為市場共識的走向正確，但你的看法更為極端的時候，或是你有個觀點與市場共識相反的時候，這種情況就可能會發生。預期價值分析可以幫助你從以下兩種情況做出區分：

● 如果價值變動性很高，意味著報酬的範圍很廣，那麼即使市場共識的結果是機率最高的情境，股票也可能有吸引力或不具吸引力。

● 如果價值變動性很低，那麼你必須打賭市場共識是錯的，才能達到卓越的報酬。

讓我們從價值變動性高的情況開始。假設一檔目前股價為 42 美元的股票，價值範圍在 10 美元到 90 美元之間。假設你認為市場共識有 50% 的機率會實現，低價值和高價值情境的機率則分別為 15% 和 35%。如表 7.1 所示，這些報酬和機率組合得出的預期價值為每股 54 美元，這比目前 42 美元的股價高出近 30%。即使市場共識的結果是最可能發生的，廣泛的價值變動性可能依然會

表 7.1　在價值變動性高的情境下的預期價值

股價	機率	加權價值
$10	15%	$1.50
$42(目前股價)	50%	$21.00
$90	35%	$31.50
		$54.00(預期價值)

顯示出這是一個有吸引力的買進或賣出機會。在這種情況下,買進機會來自於高價值 90 美元每股與 35% 的相對穩健發生機率的結合。

　　現在來檢查價值變動性較低的情況。這種情況通常出現在商業模式穩定、表現相對一致的公司中。我們使用與之前相同的機率分布,但這次的高價值是每股 55 美元,而不是 90 美元,低價值是 35 美元,而不是 10 美元。在這種情況下,我們可以看到預期價值是 45.5 美元,與目前 42 美元的股價只相差 8%,這樣的差距不足以支持買進決策(見表 7.2),因為安全邊際過小。

　　接下來,我們來看看當市場共識情境不是最可能發生時的情況,並使用與表 7.2 相同的價值範圍。假設高價值情境有 70% 的機率發生,低價值情境有 10% 的機率,而市場共識情境只有 20% 的機率。根據表 7.3,由於高價值情境的發生機率較高,預期價值為 50.40 美元,遠高於目前的股價。這表明,即使公司價

表 7.2　**價值變動性低的情境下的預期價值**（市場共識最有可能發生）

股價	機率	加權價值
$35	15%	$5.25
$42(目前股價)	50%	$21.00
$55	35%	$19.25
		$45.50(預期價值)

表 7.3　**在價值變動性低的情境下的預期價值**（市場沒有共識）

股價	機率	加權價值
$35	10%	$3.5
$42(目前股價)	20%	$8.40
$55	70%	$38.50
		$50.40(預期價值)

值波動較小，如果非市場共識的情境更有可能發生，也可能促使你做出買進或賣出的決策。在這種情況下，你的決策是基於市場共識預估不太可能實現的假設。

個案研究：達美樂披薩

讓我們把這個分析應用在達美樂披薩的個案研究上。在第五章，我們根據大約 418 美元的股價來估計達美樂的價格隱含預期。第六章的分析指出，銷售的渦輪觸發因素，以及從銷售成長的估計範圍中帶來以下的報酬：

銷售成長率			估計價值		價值改變	
價格隱含預期	低價值情境	高價值情境	低價值情境	高價值情境	低價值情境	高價值情境
7%	3%	11%	$290	$586	−30.6%	40.2%

現在我們檢視最有可能出現的三種可能性：符合市場共識、不符合市場共識並看跌，以及不符合市場共識並看漲。

● **符合市場共識：** 我們假設有 55％的機率銷售成長會實現市場共識，25％的機率會出現低價值，而 20％的機率會出現高價值。預期價值是 419 美元，接近目前的股價（表7.4）。市場共識機率高時，並不會影響買進或賣出決策。

● **不符合市場共識並看跌：** 假設有 80％的機率會出現最低價值，15％的機率是市場共識，只有 5％的機率會達到最高價值。根據這些修正，預期價值降至每股 324 美元，比今天的股價低了 22％（表 7.5）。因此，在這種情況下，賣出股票是比較明智的選擇。

● **不符合市場共識並看漲：** 最後，讓我們考慮一個情況，你判斷預期銷售成長範圍有很高的機率會移到高檔。具體來說，有80%的機率會出現高價值，15%的機率會出現市場共識，只有5%的機率會出現低價值，因此預期價值是每股546美元（表7.6）。在這個情況下，應該要買進股票。

表 7.4　達美樂的預期價值計算（符合市場共識）

銷售成長	股價	機率	加權價值
3%	$290	25%	$73
7%	$418	55%	$230
11%	$586	20%	$117
		100%	$419(預期價值)

表 7.5　達美樂的預期價值計算（無市場共識，而且股價看跌）

銷售成長	股價	機率	加權價值
3%	$290	80%	$232
7%	$418	15%	$63
11%	$586	5%	$29
		100%	$324(預期價值)

表 7.6　達美樂的預期價值計算（無市場共識，而且股價看漲）

銷售成長	股價	機率	加權價值
3%	$290	5%	$15
7%	$418	15%	$63
11%	$586	80%	$469
		100%	$546(預期價值)

做出決策

達美樂的案例強調一個關鍵訊息，對於價值波動較小的公司而言，擁有強烈且不同於市場共識的看法，對於買進或賣出的決策至關重要。然而，隨著價值變化程度增加，即使市場普遍的看法是最有可能的情況，你仍然有機會從中獲得明確的買進或賣出訊號。

請注意，一檔股票的預期價值很少會是靜態不變的。隨著報酬和機率的變化，預期價值也會跟著變化。為了避免忽略獲利預期與實際情況不相符，請確保在獲得重要新資訊或股價出現明顯改變時，更新預期價值的計算。

一旦確定預期價值和股價之間的差異，你就可以考慮是否該買進、賣出或持有。具體來說，要檢查以下三個問題：

● 什麼時候應該買進股票？
● 什麼時候應該賣出股票？
● 時間和稅負會如何影響我的決策？

▍買進決策

讓我們從買進決策開始。簡而言之，只要你對預期價值的估計值高過股價，你就有可能得到超額報酬。[4]然而，超額報酬的前景本身並不足以顯示真正的買進機會。你仍然必須確定超額報酬是否足以保證值得買進。

你的決策取決於兩個因素。首先，是股票價格相對於預期價值的折扣幅度，也就是安全邊際有多少。折扣幅度愈大，潛在的超額報酬就愈高。相反地，如果股票價格相對於預期價值存在很高的溢價，則賣出的理由愈充分。

第二個因素是市場調整預期所需的時間長短。股價愈快向預期價值靠攏，超額報酬就愈高；相反地，調整時間愈長，超額報酬就愈低。同理，當預期價值低於當前股價時，價格愈快回到預期價值，賣出的急迫性就愈大。

表 7.7 顯示股價／預期價值比和收斂到預期價值的年數等各種組合的超額報酬。假設你認為股價只有預期價值的 80%，進一步假設市場要花兩年的時間才會根據你的預測調整到預期價值。你可以預期一年會賺到比資金報酬高 12.5% 的超額報酬。[5]如果市場預期保持不變，股票就不會產生額外的超額報酬。

表 7.7　在低於或等於預期價值買進時的年度超額報酬

		市場調整前的年數				
		1	2	3	4	5
股價 / 預期價值	60%	70.7%	30.8%	19.7%	14.4%	11.4%
	80%	26.5%	12.5%	8.2%	6.1%	4.8%
	100%	0.0%	0.0%	0.0%	0.0%	0.0%

假設權益資金成本是 6%

　　要記住，買進機會不取決於公司業績或投資人預期的絕對水準，而是取決於你的預期與價格所隱含預期之間的相對關係。如果公司表現優於預期，促使投資人調整他們的預期，那麼即使是高預期的股票仍然具吸引力。同樣地，如果你認為公司前景只符合目前的預期，那麼即便是低預期的股票也不見得值得投資。

　　在我做出買進決策之前，我們敦促你避免掉入「升級承諾陷阱」。投資人通常會因為過去的決策而試圖證明其合理性。無法收回的投入時間或金錢會形成經濟學上所說的「沉沒成本」。儘管投資人知道這些沉沒成本和當前決策無關，但還是難以將兩者分開。

　　當投資人增強信念，在股票下跌以後買進更多股票時，就會表現出這種行為。他們不僅不願承認損失，還往往因為過去的持股經歷而進一步買進股票。事實上，過去的投資決策已成歷史，你需要根據今天的預期來做出決策，而非試圖彌補過去的錯誤。只在股價大幅低於預期價值時買進，才能避免這種非理性的升級承諾陷阱。

問題或情境的表達方式也會影響人們的決策。即使同一個問題以不同但客觀對等的方式呈現，人們仍可能做出不同的選擇。一個例子是理查‧塞勒（Richard Thaler）所說的心理帳戶（mental accounting）。[6] 假設某位投資人在每股 50 美元時買進一檔股票，而股價上漲至 100 美元。許多投資人會將股票的價值分成兩部分：初始投資和「賭金」。他們往往對初始投資謹慎對待，而對於賭金則較為放鬆。

這就是所謂的「賭金效應」（house money effect），不僅只有散戶會如此。金融學教授赫許‧謝福林（Hersh Shefrin）曾記錄聖塔克拉拉大學校務基金（Santa Clara University's endowment fund）的委員如何屈服於這種影響。因為市場表現強勁，校產基金在預定時間前就超過了校長設定的目標報酬，因此他們拿了一些「賭金」進行加碼投資，包括風險投資、對沖基金和私募等高風險標的。[7]

▌賣出決策

賣出股票有三個潛在原因：

1. **股票達到你原本的的預期價值，而你最新的預期價值估計值比目前股價還低**。這裡需要提醒一下，投資是一個動態的過程，預期是一個不斷變動的目標，因此你必須定期重新審視並在必要時修正。如果僅僅因為股價達到原定目標而機械地賣出股票，投資人可能會錯失更大的報酬。只有當你最新的分析顯示股票已經達到預期價值且不會有進一步上漲時，賣出才是合理的選擇。

2. **有更好的投資機會**。積極管理投資組合的投資人應該持有當下最具吸引力的股票。因此，他們會不斷尋找那些相對於預期價值有最大折扣的股票。當出現風險調整後報酬更高的股票時，這會成為第二個賣出理由。與前一個理由不同，因為你不必假設股票已經達到預期價值。只要保持多樣化的目標水平，你可以考慮賣出那些預期價值上升空間較小的股票，用收益來購買預期上升空間更大的股票。在所有條件相同的情況下，這將提升整體投資組合的預期報酬。

3. **你已經下調預期**。有時，即使經過深思熟慮與詳盡的分析，也無法達到目標，或是某些突發事件會導致你大幅調整原本的預期。如果你對一檔股票的預期向下修正，導致價格與預期價值之間的差距沒有吸引力，那這檔股票就會成為等待賣出的股票。

研究顯示，法人買進決策往往做得比賣出決策好。主要的原因是當他們買進股票時會更為專注，而賣出股票時則多仰賴經驗法則。[8] 預期投資法架構能夠有效的指引買賣選擇。

在賣出股票時，你還需要避免某些心理陷阱。一個例子是損失偏誤。康納曼和另一個知名心理學家阿莫斯・特沃斯基（Amos Tversky）合作表明，對大多數人來說，損失所帶來的痛苦大約是同等規模獲利的 2.5 倍。[9] 換句話說，損失帶來的負面感受比獲利的正面感受更強烈。

關於損失趨避，有幾點需要注意。首先，不同的人天生對損失的敏感程度不同，這會影響他們組建投資組合的風險偏好。較不怕損失的人通常傾向於選擇風險較高的投資組合。其次，個人的損失趨避係數可能會根據最近的經驗而改變。如果人們最近經歷了損失，他們可能會主動降低對正向預期的追求，顯示損失趨避的傾向增強。[10]

第二，你自己的損失趨避係數也許會根據最近的經驗而改變。實驗顯示，如果人們最近遭受損失，他們會自願把正向的預期價值主張調低，這顯示損失趨避的係數提高。[11]

另外，別忘了我們在上一章提到的「確認偏誤」。管理確認偏誤的一個特別有效的技巧是提出挑戰性問題，質疑你對公司或產業的最核心、最堅定的信念。這些駁斥性的問題能讓你對尚未完全考量的替代選項保持開放心態。這樣的開放心態能幫助你做出更佳的決策，進而提升你的投資績效。

▌稅負的角色

投資人賣出股票的原因可能是股票已經達到預期價值、存在更好的投資機會，或是他們下調了對股票的預期。然而，在做出賣出決策之前，你還必須考量稅負的影響。如果將一檔估值合理的股票換成一檔價格低於預期價值的股票，在考慮稅負後，這可能不是一個好的決定。[12]

假設你發現一檔股票的股價低於預期價值，並以 100 美元的價格買進。一年後，股票以121美元的預期價值進行交易，與6%的股票市場報酬相比，你得到15%的漂亮超額報酬。你應該賣出這檔股票嗎？

這要看情況而定。我們來看兩種可能性。第一種情況是，你繼續持有這檔股票，並在下一年獲得6%的市場回報。假設這一年的預期並未發生變化，那麼在第二年結束時，股票將從121美元漲至128.25美元。

現在考慮第二種情況。假設你賣出股票，並把收益投資在另一檔股票。為了證明這個舉動的合理性，下一年你需要在新股票上獲得多少報酬呢？結果顯示，你必須賺到大約10%的回報（即額外的4個百分點超額報酬）才能彌補這一換股行為。這是因為你需要為21美元的收益支付20%的長期資本利得稅，也就是4.20美元。在繳完稅後，你只有大約117美元可以用來投資下一檔股票。要讓117美元增值到與繼續持有同一檔股票一樣的128.25美元，這個新投資需要賺到接近10%的回報。如果再考慮交易成本，你所需的報酬會更高。因此，在適當考量稅負和交易成本後，有時持有估值合理的股票比賣掉它、換成一檔價格僅略低於預期價值的股票更為明智。

重點整理

- 當預期價值高於股價時,你就有機會獲得超額報酬。

- 超額報酬的幅度取決於股價相對於預期價值有多便宜,以及市場需要多長的時間修正預期。股價愈便宜,市場愈快修正預期,報酬也愈大。

- 身為投資人,賣出股票有三個潛在理由:股價達到預期價值、有更具吸引力的投資機會,或是你的預期已經改變。

- 在你決定賣出股票之前,要考量稅負和交易成本扮演的重要角色。

- 當你做出買進或賣出決定時,請注意人類行為上的陷阱。

第八章
超越現金流量折現法

當你應用預期投資法時，你可能會遇到一些公司的價格隱含預期看起來比現有業務和產業標準更為樂觀。在這些情況下，自動得出預期過於樂觀的結論可能是錯誤的。對於充滿不確定性的公司，股價通常是現有業務的現金流量折現價值加上實質選擇權價值的總和。實質選擇權反映了未來不確定的成長機會所帶來的價值。本章將介紹一些簡單的實質選擇權評估技巧，以增強預期投資法的威力。[1] 我們也會介紹反身性（reflexivity）的概念，說明股價如何影響公司的基本面。

只要用現金流量折現模型，就可以估計大多數企業的預期價值。但很多投資人質疑這個模型在價值評估中的角色，因為無法簡單解釋為什麼一些新創事業享有如此高的市值，特別是虧錢的事業。我們相信，如果你對選定的公司補足實質選擇權分析，那麼現金流量折現模型就會跟過往一樣適用。

實質選擇權分析對於處於生命週期早期、經營記錄有限的新創企業至關重要。大多數新創公司需要大量投資來建設基礎設施、建立品牌形象，並吸引客戶。而這些公司中，少數擁有顯著的營收，更少數能夠獲利。

實質選擇權的定義

實質選擇權方法將金融選擇權理論應用到實際的投資上，例如製造工廠、擴展產品線以及研發等領域。[2] 金融選擇權賦予所有者權利、但是沒有義務以特定價格買進或賣出一檔證券。類似的情況是，進行策略投資的公司有權利、但沒有義務在未來利用這些機會。

實質選擇權有幾種形式，包括以下幾種：

● **擴大選擇權：**如果初步投資成功，管理層可以選擇進一步擴大對策略的承諾。例如，一家公司進入新市場後，可能會建立一個小型配銷中心，並根據市場需求擴大規模。

- **拓展選擇權**：某些投資可以成為平台，讓公司進一步進入相關市場機會。例如，亞馬遜最初作為網路書店，通過大量投資建立了穩定的客戶群、品牌聲譽和基礎設施，從而創造了多種可以行使的實質選擇權，並在隨後十幾年行使這些權利。

- **放棄選擇權**：管理層可以進行小規模的初步投資，並在不滿意的情況下選擇放棄該計畫。研發支出是一個典型例子，公司在投入大筆資金之前，通常會設定特定的績效目標。放棄選擇權非常有價值，因為它允許公司分階段投資，減少風險，而不是一次性投入所有資金。

擴大、拓展和放棄選擇權都很有價值，因為它們可以給一家公司發展彈性。

投資的偶然性

許多投資人和經理人明白，即使未來現金流量的現值等於或低於資本投資的計畫，這些計畫依然可能擁有顯著價值。雖然這些計畫在當下可能顯示出中性甚至負面的價值，但它們往往包含一種彈性，這種彈性有潛力成為額外的價值來源。

　　彈性可以用兩種方法來增加價值。首先，管理階層可以延緩投資。由於資金有時間價值，經理人最好晚一點投資，而非早一點投資。其次，在選擇權行使之前，計畫的價值可能會改變。如果價值上升，公司會變好。如果價值下跌，因為不需要進一步投資在這個計畫上，公司的情況也不會變糟。

　　傳統的價值評估工具（包括現金流量折現法）並不重視選項的偶然性。我們想要對「如果事情進展順利，那麼我們可以增加一些資本」的構想賦予價值。[3]

把實質選擇權類比為金融選擇權

　　擴大或拓展業務的實質選擇權可以類比於金融買權（Call option）。[4]當公司有機會擴展到其常規業務以外時，這種類比特別有用。通常，現金流量折現模型可以處理企業的正常成長預測，而實質選擇權方法則用來評估那些帶來額外價值的創新項目。

　　雖然實質選擇權和金融買權之間的類比並不完全吻合，但它提供了一些有價值的見解，尤其是關於公司何時可能行使這些選擇權、哪些因素會驅動這些決策，以及不確定性在選擇權價值中扮演的角色。

表 8.1 列出了評估金融買權和實質選擇權所需的關鍵變數。布萊克－休斯方程式（Black-Scholes equation）是最知名的金融選擇權評估工具，但所有選擇權的評估方法都涉及以下五個變數：[5]

1. **計畫價值（S）**：計畫預期現金流量的現值。

2. **行使這項選擇權的成本（X）**：這是在未來的某個時間點（T）行使選擇權所需的一次性投資金額。（X 是未來的金額，而 S 是當前的金額。）

3. **計畫波動性（σ）**：這是衡量計畫未來價值可能變動的幅度，用希臘字母 σ 來表示。

4. **選擇權壽命（T）**：一家公司可以在不失去機會的情況下推遲投資決策的時間。這通常是以年為單位來衡量。

5. **無風險報酬率（r）**：短期政府債券的利率。由於 σ 已經考慮了計畫的風險，我們無需另行估算風險調整後的折現率（資金成本）。

表 8.1　買權對應的投資機會

買權	實質選擇權	變數
股價	計畫價值	S
履約價格	計畫成本	X
股價波動	資產波動	σ
選擇權壽命	選擇權壽命	T
無風險利率	無風險利率	r

　　這裡有一個例子，說明一個淨現值為負數的計畫為何仍然擁有實質選擇權價值。假設一家公司的產品需求不斷成長，該公司計畫在兩年內擴大其配銷系統。他們估計，到時必須要花費 4000 萬美元來建立一個新的配銷中心（X = 4000 萬美元），而根據目前的最佳預測，這些額外的自由現金流量的現值為 3000 萬美元（S = 3000 萬美元）。

　　根據這些數據，這個計畫無法通過淨現值測試，因為預期收益（S）小於成本（X）。然而，這並不意味著擴大選擇權沒有價值。即便公司可能不會行使選擇權，但隨著需求激增的可能性，這一選擇權仍具潛在價值。當 X 的支出是必然的，或者不受未來某些變量影響時，現金流量折現法是合理的評估工具。然而，當管理層擁有延遲或放棄投資的靈活性時，現金流量折現法往往會低估這類計畫的價值。

在這個例子中，管理層可以在兩年後重新評估 S，然後決定是否推進這項投資。如果 S 大於 X，公司將選擇擴大配銷系統，因為這樣的淨現值是正數；如果 S 小於 X，公司則會放棄，因為淨現值為負。我們需要對今天的情況進行評估，也就是在決策的兩年前，對延遲或放棄這項計畫的靈活性進行估值，這就是實質選擇權的核心所在。

現在繼續討論配銷系統擴大的例子，來說明如何應用實質選擇權的五個關鍵變數。我們已知 S 等於 3000 萬美元，X 等於 4000 萬美元，T 為兩年。假設 （波動率）為每年 50％，無風險利率為每年 0.15％。將這些變數代入布萊克－休斯方程式後，我們得出擴大配銷系統的選擇權價值約為 540 萬美元。

我們不需要完全理解選擇權定價模型的複雜運算，也能抓住實質選擇權增值的核心要素。當淨現值（S－X）增加、決策的延遲時間（T）延長，或者不確定性（σ）上升時，選擇權的價值也隨之提升。

實質選擇權的評估

我們可以直接使用布萊克－休斯方程式來計算實質選擇權的

價值，但使用涵蓋主要投入要素範圍的對照表更快捷，也更符合直覺。表8.2改編自理查‧布雷利（Richard Brealey）與史都華‧邁爾斯（Stewart Myers）教授的著名財務管理教科書。[6]

這個表格將五個選擇權的變數簡化為一個簡單的 2×2 對照表。A 組涵蓋兩年到期的成長選擇權，而 B 組則涵蓋三年到期的成長選擇權。這兩組表格中的數值以 S 的比例表示，我們透過多次運用布萊克－休斯方程式來計算出這些數據，並且呈現了大多數產業中常見的波動率範圍。[7]

欄位展示了各種 S/X 的比例。請注意，行使選擇權的成本 X 是在決策時確定的。為了計算公司當下的成本，我們使用 X 的現值，也就是 $X/(1+r)^T$。因此，根據現值計算 X 會讓選擇權的價值增加一小部分，這會以 S 的百分比來顯示出來。當然，一家公司若要擁有實質選擇權的價值，前提是要在選擇權行使時具備資金，或者能夠在行使時取得資本。

當計畫的淨現值在做出決策時為 0，S/X 的比值就會等於 1.0。[8] 如果 S/X 大於 1.0，則表示該計畫在決策時的淨現值為正數；若 S/X 小於 1.0，則代表計畫的淨現值為負數。

兩個關鍵因素會驅動潛在的計畫價值 S/X。首先是考量公司競爭地位和產業整體報酬下可能獲得的投資報酬率。假設報酬率愈高，S/X 就愈高。我們也必須考量選擇權行使策略。[9]許多產業中的競爭會將投資報酬率壓低至與資金成本相當的水準（即 S/X 為 1.0）。第二個因素則是過往投資的規模，這些投資可能已經創造了實質選擇權的價值。已經投入大量資金來產生選擇權的公司，相較於尚未投資的公司，能夠以較低的增量投資成本來追求新機會。[10]

選擇權價值的另一個重要驅動因素是波動性，即 S 未來價值的變動性。在表 8.2 的各行中，我們展示了一系列 （波動率）的數值範圍。買權內建下檔保護。當 S 的潛在價值上升時，選擇權的價值會隨之增加。然而，當 S 的潛在價值下降到某一程度時，選擇權的價值並不會下降，因為當 S 變得足夠低時，公司將不會行使選擇權。因此，波動性愈高，選擇權的價值就愈高。

波動性通常很難精確衡量，但它反映了計畫未來價值的固有特徵。對於股票選擇權，對應的要素是未來股票報酬的波動性，投資人可以根據歷史股票報酬估計波動性，或從已交易的股票選擇權中推斷波動性。[11]

對於簡單擴大或拓展現有業務模式的大型商業計畫，你可以合理地使用股票價格的波動性來估計潛在價值範圍。至於其他計畫，則需根據與公司目前模式明顯不同的商業模式來進行估計。[12]

表 8.2　實質選擇權的對照表

| | | 表 A：到期時間 =2 年 | | | | |
| | | *S/X* | | | | |
		0.50	0.75	1.00	1.25	1.50
	0.25	0.5%	4.8%	14.2%	25.2%	35.3%
	0.50	8.4%	18.2%	27.7%	36.2%	43.3%
年度變動率（σ）	0.75	21.5%	32.1%	40.5%	47.2%	52.6%
	1.00	35.5%	45.2%	52.1%	57.4%	61.6%
	1.25	48.7%	56.8%	62.4%	66.5%	69.7%
		表 B：到期時間 =3 年				
		S/X				
		0.50	0.75	1.00	1.25	1.50
	0.25	1.4%	7.6%	17.3%	27.6%	36.8%
	0.50	14.0%	24.5%	33.6%	41.2%	47.5%
年度變動率（σ）	0.75	31.0%	41.1%	48.5%	54.2%	58.8%
	1.00	47.5%	55.8%	61.4%	65.6%	68.9%
	1.25	61.7%	68.0%	72.2%	75.2%	77.5%

實質選擇權是以 S 的百分比表示，r ＝ 0.15%，歐式選擇權

主要的建議是確保你對波動性的估計，與新業務的價值範圍相對應。

為了說明如何使用這個對照表，讓我們重新計算配銷中心的選擇權價值。原始的輸入要素如下：

S = 3000 萬美元

$X = 4000$ 萬美元

$o = 50\%$

$T = 2$ 年

$r = 0.15\%$

在這個例子中，S/X 比是 0.75（30/40 = 0.75）。表 8.2 的表 A 得到的選擇權價值是 S 的 18.2％，也就是 540 萬美元（0.182 × 3000 萬美元 = $540 萬美元）。

對照表提供幾個與實質選擇權有關的立即見解：

● 當 S 相對於 X 增加（從左往右看表格）、波動性增加（從上往下看表格），以及選擇權壽命延長（比較表 A 與表 B）時，實質選擇權價值會增加。

● 即使 S 遠低於 X，實質選擇權依然有價值。（查看 S/X=0.50 和 0.75 時的選擇權價值。）現金流量折現法忽略了這一價值，從而低估了內含選擇權的資產價值。

實質選擇權的價值是有限的。請注意，表中沒有任何選擇權的價值超過標的資產 S 的價值。

表 8.2 小而簡潔，但仍然涵蓋大範圍的波動性和潛在的計畫價值。考量以下的波動率基準作為校準的粗略指引：

- 市值高的公司平均股價波動率在 35% 到 45% 之間。
- 必需消費品公司的股價波動率相當低，每年在 30% 到 35% 之間。
- 資訊科技股票的每年波動率往往在 40% 至 50% 之間。
- 生物科技公司和年輕的科技公司每年的股價波動率可以高達 50% 到 100%。[13]

我們為兩年和三年到期的選擇權製作表 8.2，只是因為一家公司在激烈競爭的產品市場中只能將投資延緩一小段時間。期限長的選擇權往往接著可以取得其他選擇權，而這只有一家公司成功執行第一個近期的選擇權才可能發生。這些接續的選擇權的價值通常只是近期選擇權價值的一小部分。

何時要使用實質選擇權分析？

大多數關於實質選擇權的文獻主要針對公司經理人及其資金

配置決策。我們關心的是當股價中內含的預期高於產業標準，且實質選擇權可能成為這些預期的一部分時，應該如何運用這種思維來決定是否應該買進、賣出或持有個別股票。

第一步是從兩個面向評估公司及其股票。第一個面向是潛在的實質選擇權價值，這需要判斷公司是否可能擁有大量的實質選擇權價值。第二個面向是推算實質選擇權價值，即市場是否已經將這些選擇權價值反映在股價中。

在以下的條件下，實質選擇權的價值可能很重要：

- 必須存在高度不確定性或結果的波動性。波動率較低的產業幾乎沒有實質選擇權價值。舉例來說，顧問公司是低波動率的事業。他們發現很難產生很大的上漲驚喜，因為他們基本上是按時數來銷售他們的服務。

- 必須存在高度的不確定性或結果的波動性。波動率較低的產業幾乎不會產生實質選擇權價值。比如，顧問公司通常屬於低波動的行業，因為它們基本上是按時數銷售服務，很難產生巨大的上漲驚喜。

- 管理團隊必須具備在動態環境中創造、辨識、評估並靈活運用機會的策略眼光。實質選擇權的存在並不能保證公司能夠實現其價值。速度與靈活性在實質選擇權的行使中尤為關鍵。對於擁有複雜層級結構、導致決策過程緩慢的大型公司來說，實質選擇權的成功特別難以捉摸。

● 企業應該是市場領導者。市場領導者通常能最早發現並抓住潛在的價值創造機會，以擴大或拓展企業。像 Facebook 和亞馬遜這樣的公司能夠享有競爭對手所無法企及的成長機會。市場領導者也可以鞏固實質選擇權的專屬性，從而保留更多的價值。

接下來，我們來討論市場推算的實質選擇權價值。這是當前股價和市場共識所推算的現有事業的現金流量折現價值之間的差異。

衡量市場推算的實質選擇權價值是一個預期投資法的簡單延伸。基本上，你可以根據對現有事業的預測來估計股價隱含的預期（第五章），並與市場隱含的預測期間進行對比。

你會需要這樣做是因為，若解出市場隱含的預測期間，可能會不當使用股價來解釋僅基於現有事業的預期，而股價中實際上可能已包含實質選擇權的價值。因此，市場隱含的預測期間總是會高估那些擁有大量選擇權的公司。[14]

實質選擇權價值可能可以解釋股價與現有事業估計價值之間的差異（圖 8.1）。你的挑戰是確定推算實質選擇權價值的要素是否合理。

圖 8.1　推算實質選擇權價值

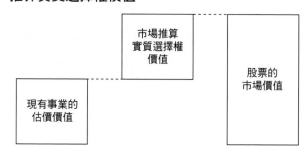

現有事業價值與實質選擇權價值之間的模糊性並不會破壞預期投資法的流程。事實上，這更突顯了預期投資法的優勢，因為該方法測試了現有事業價值與推算的實質選擇權價值的總和是否合理。由於這個總和始終等於當前的市場價值，任何對現有事業價值的高估或低估，都會相應地影響推算實質選擇權的價值。

我們開發了一個簡單的矩陣，來幫助你考慮何時需要將實質選擇權分析納入預期投資法流程（圖 8.2）。你可以使用這個矩陣來確定何時實質選擇權價值可能與股價內含的實質選擇權價值不符。這個矩陣分為四個象限：

- **不需要實質選擇權分析（潛力低／推算的實質選擇權價值低）**。這個組合涵蓋大多數知名公司。你在這裡需要做的只有標準的預期投資法流程（第五章至第七章）。
- **買進標的（潛力高／推算的實質選擇權價值低）**。本質上來說，你認為實質選擇權的價值比市場認為的價值還高。如果差距夠大，這檔股票就是買進標的。
- **賣出標的（潛力低／推算的實質選擇權價值高）**。這裡正好相反，市場評估的實質選擇權價值比你認為的還高。當這兩個價值的差距夠大時，這檔股票就會是賣出標的。
- **需要實質選擇權分析（潛力高／推算的實質選擇權價值高）**。在這個象限中，更詳細的實質選擇權分析可以為投資人帶來更大的潛在報酬。本節的其餘部分會專注在介紹落入這個象限的公司。

你的目標是評估計畫價值的合理性，並證明推算實質選擇權價值所需要的總投資支出是否合理。換句話說，這家公司能否達到股價隱含的潛在價值？為了回答這個問題，你必須確定隱含的公司機會和投資規模是否與市場規模、可取得的資金、管理資源和競爭情況一致。

圖 8.2　實質選擇權的可能價值與推算價值

來自產業、策略和競爭條件的
潛在實質選擇權價值

	低	**高**
低 從股價推算的實質選擇權價值	不需要實質選擇權分析	買進標的
高	賣出標的	需要實質選擇權分析

個案研究：Shopify 的實質選擇權價值？

　　Shopify 是一個商務平台，提供商家創業、成長、行銷和管理全通路零售事業的工具，它為實質選擇權價值提供一個充滿啟發性的案例。2020 年 9 月，Shopify 是一家擁有龐大潛力，而且股票推算擁有實質選擇權價值的公司。在我分析的時候，股票交易價格是每股 900 美元，市值大約 1000 億美元。問題是，現有事業價值和實質選擇權價值結合起來，如何證明股價是合理的價格？

　　預期投資法流程以四個步驟分析實質選擇權價值：

▌步驟 1：估計潛在實質選擇權價值

Shopify 符合擁有明顯潛在實質選擇權價值的公司有以下幾個理由：

- 它在充滿活力的電子商務市場中競爭。產品品項的成長、競爭威脅、擴大機會和不斷發展的商業模式都會產生不確定性。
- 由創辦人兼執行長托比亞斯・呂特克（Tobias Lütke）領導的管理團隊，已經證明公司過往很熟練的創造、辨別和行使實質選擇權。成功進入物流事業就是其中一個例子。
- Shopify 是擁有規模經濟和經濟範疇潛力的市場領導者。這種領導地位使它能和其他產業巨頭合作，包括臉書、沃爾瑪和亞馬遜。

▌步驟 2：從股價來估計實質選擇權的推算價值

使用歷史資訊、《價值線投資調查》的預測、華爾街分析師的研究報告，以及我們自己對 Shopify 現有事業的前景評估，我們對銷售成長率、營業利益率和投資增加率做出未來 5 年的估計。然後我們再將估計延長 5 年，藉此涵蓋一個 10 年預測期間的假設。把銷售成長視為是渦輪價值觸發因素是毫無爭議的選擇。

Shopify 對現有事業的銷售年年成長率預測在前五年大約是 38％，第二個五年則是 35％。Shopify 必須達到明顯的市場滲透率才能取得這樣的成績。此外，現金流量折現模型假設公司的營業利益率可能達到 10 到 15％之間。

根據這些預期，Shopify 現有事業的價值是每股 800 美元。換句話說，投資人可以把公司 900 美元的股價中的 100 美元歸類為實質選擇權的推算價值（表 8.3）。每股 100 美元的數字可以換算成略高於 110 億美元的價值。

表 8.3　Shopify 推算的實質選擇權價值

股價（2020 年 9 月 21 日）	$900
現有業務價值	－$800
推算實質選擇權價值	$100×1.13 億股＝ $110 億美元

▌步驟 3：推算計畫價值（S）和投資支出（X）的必要規模

　　我們假設 Shopify 的適當 S/X 比例是 0.75，這意味著 Shopify 行使策略選擇權的成本大於新增自由現金流的現值。由於實質選擇權預期將擴大 Shopify 現有業務，我們使用該公司 50% 的歷史波動率，並假設選擇權的到期時間為 3 年。根據表 8.2 的數據，實質選擇權價值約為 S 的 25%。

　　我們可以利用這些數據來探討兩個關鍵問題：潛在計畫價值（S）需要多大，才能證明推算的 110 億美元實質選擇權價值的合理性？以及行使選擇權的投資支出（X）應該有多大？

　　我們用以下的方法找出 S：推算實質選擇權價值是 110 億美元。潛在實質選擇權價值是 S 的 25%。如果推算的價值等於潛在價值，那麼 S 必須大約在 450 億美元。這意味著有一個 450 億美元的市場機會。

　　接著找出 X：推算的實質選擇權價值是 110 億美元。為了使潛在實質選擇權價值等於推算價值，如果 S 是 450 億美元，而且 S/X 的比例是 0.75，那麼 X 必須等於 600 億美元。換句話說，如果這些數字是正確的，那麼投資人對 Shopify 的股票訂出的價格，就好像他們相信這家公司在未來三年可以投資 600 億美元來行使公司的實質選擇權一樣。

為了對這些結果進行敏感性分析，我們可以讓 S/X 有些變化。（請注意，我們不需要改變波動度，這是 Shopify 的內部特徵。）舉例來說，如果我們使用的 S/X 是 1.0，那麼 S 和 X 大約都等於 340 億美元。

步驟 4：評估 S 和 X 數值結果的合理性

先考慮市場機會（S）的合理性。本質上來說，Shopify 今天必須有 450 億美元的市場機會，證明 110 億美元的選擇權推算價值是合理的（假設每年波動率為 50%）。這個市場機會的規模是否合理？

現在來評估 X 的合理性。600 億美元的投資是可觀的。廣義來解釋，Shopify 前三年的投資不到 20 億美元。

S 和 X 的合理性產生一些關鍵問題：

- Shopify 可以從事那些額外的電子商務活動來追求獲利？
- 還有哪些海外的擴張機會？

- 這家公司是否可以利用對商家的了解來提供額外的軟體或服務？

- 有任何公司能進行如此巨額的投資並獲得相應的報酬嗎？還是說這樣的規模會導致報酬遞減？

本書先前的版本曾以亞馬遜作為實質選擇權的案例研究。事實上，亞馬遜似乎已經開發並行使了大量的實質選擇權，像是推出新的產品線，如亞馬遜網路服務（Amazon Web Services）。[15] 然而，在 2000 年網路泡沫後的三年空頭市場中，亞馬遜的股價疲軟，幾乎不可能借錢投資來支撐實質選擇權價值。換句話說，較低的股價有效地撤回了亞馬遜所需的投資，無法行使其選擇權。這強調了股價與企業基本面之間的關鍵回饋迴路。

反身性

投資人和公司的經理人普遍接受一個看法：股價會反映公司未來的財務表現預期。然而，投資人對於「股價本身可能影響公司績效表現」這一點，卻沒有給予足夠的重視。在預期投資法中，公司股價與業務基本面之間的回饋是重要的考量，這種回饋對於仰賴穩健股價的年輕公司尤為重要。[16]

　　成功的投資人喬治‧索羅斯（George Soros）將這種動態回饋迴路稱為「反身性」。他總結道：「股價不只是被動的反應，而是積極參與的要素，在決定交易股票的股價以及公司命運的過程中扮演重要角色。」[17] 接下來，我們將探討反身性對於公司融資能力和吸引、留住關鍵員工能力的影響。

█ 融資成長

　　年輕公司在許多產業中通常依賴股權融資。如果這些公司持續無法達到財報預期，投資人會開始質疑其商業模式的可行性。隨著懷疑增加，股價下跌，使得公司發行新股票變得過於昂貴甚至無法進行，進而阻礙或完全扼殺其實施成長策略的可能性。當投資人意識到這種情況時，股價往往進一步陷入惡性循環，持續下探。

　　這種股價下滑不僅限制公司成長，有時甚至會導致破產或以大幅折扣的價格被收購。例如，2008 年金融危機期間，像貝爾斯登（Bear Stearns）和雷曼兄弟（Lehman Brothers）這些投資銀行就面臨這樣的困境。它們需要大量資本才能生存，但隨著股價大跌，籌集資金變得幾乎不可能。結果，貝爾斯登以極低的價格賣給了摩根大通（JP Morgan），而雷曼兄弟則申請破產。

許多新創企業仰賴併購來建立自己的事業。而且它們之中大多數會透過股票交易來融資，這只是融資成長的另一種方法。[18] 然而，當股價表現不佳時，透過股票進行收購的成本會變得過高或無法實現。即便是股價穩定的公司也不應該天真地認為發行股票沒有風險。如果市場因某項收購而下調公司的股價，那麼該公司在未來併購時幾乎肯定會更加謹慎。

▌ 吸引並留住重要員工

新創企業通常在競爭激烈的人力市場中運作，若無法為現有或潛在員工提供具有前景的股權激勵制度（stock-based compensation, SBC），就容易陷入困境。當股價低迷時，股權激勵制度的價值會迅速減少，進而削弱公司用以薪酬的資源，威脅其當前績效與未來發展。隨著投資人注意到這一點，股價下跌的惡性循環可能會持續。

股權激勵制度實際上結合了兩個交易：公司賣出股票進行融資，然後使用這筆資金作為員工的薪酬。[19] 因此，股價不僅影響公司的財務狀況，還直接影響公司吸引和留住人才的能力。

疲軟的股價也可能削弱其他關鍵利益相關者的信心，包括客戶、供應商以及潛在的策略夥伴，這只會加劇公司的困境。

▌反身性的後果

反身性對於採用預期投資法的投資人有幾個重要啟示。首先，投資人在評估公司預期價值時，必須考慮反身性的影響。不加以批判地接受公司成長策略，卻忽略因股價表現不佳而帶來的融資風險，可能會導致令人失望的投資結果。

我們建議，當你在研究一檔股票的預期價值時，應將最糟糕的情況納入考量。這種情況的發生機率在很大程度上取決於管理階層的遠見、執行力，以及他們說服市場相信公司商業模式穩健的能力。換句話說，管理層需要說服市場，即使公司面臨經營虧損，公司仍然值得有較高的股價。

總之，快速成長而且資金有限的新創企業投資人必須意識到，這些公司不僅要承擔任何一家公司都有的正常經營風險，還要承擔股價下跌導致公司無法執行成長策略的風險。

重點整理

- 現金流量折現模型可能低估公司經營彈性的價值。這可能會導致對擁有很多不確定性的企業錯誤解讀價格隱含預期。

- 實質選擇權可以抓住未來機會不確定的潛在價值。

- 考慮一家公司的潛在實質選擇權價值和它的市場推算實質選擇權價值,以確定實質選擇權的分析是否恰當。

- 你應該將反身性納入預期投資法流程,反身性是指從基本面到股價,以及從股價到基本面的動態回饋迴路。

第九章

綜觀經濟全貌

　　股票市值的重大改變，尤其是像蘋果、亞馬遜、微軟、Alphabet（Google 的母公司）等大型科技股的崛起，促使一些投資人主張我們需要新規則來理解價值。我們強烈反對這種做法。基本的經濟原則歷久不衰，而且足以穩健地捕捉住各類公司和商業模式所創造的價值。價值創造原則維繫著所有公司，這就是為什麼它們是預期投資法流程的核心。

　　我們可以指出「新規則」論點背後的幾個問題。首先，每股盈餘和本益比等傳統衡量指標在解釋市場價值上，已不如以往那般有關聯[1]。這主要是因為企業在無形資產上的投資已從 1970 年代時期大約是有形資產的一半，成長到如今超過兩倍。正如我們在討論市場如何評價股票時所提到的，這非常重要，因為無形資產的投資會在損益表上列為費用，而有形資產投資則是在資產負債表上化為資本。因此，主要投資在無形資產的公司，其盈餘和帳面價值看起來會比主要投資於有形資產的公司低。

然而，會計處理方式並不會改變公司的真實價值。不論是將100萬美元投資於以費用形式認列的知識，還是投資於可折舊的有形資產，現金流量是相同的。

其次，無形資產的特徵與有形資產的特徵不同。經濟學家很早就明白這一點。但是企業特徵的改變並不會改變市場的基本價值評估模型。

為了清楚說明這點，我們把企業分成三大類：實體產品型企業、服務業，以及知識型企業。對於每一類企業，我們都強調其明顯的特徵，並分析其中的價值構成因子，以幫助投資人辨識出哪些預期最有可能被大幅修訂。這個架構顯示，預期投資法有足夠的彈性，可以適用於各類公司和經濟環境中的企業。

企業類型

我們先從企業類型的定義開始。大多數公司的活動可能涵蓋不只一種類型。將企業進行分類的目的是幫助識別出影響現金流量及修正預期的關鍵因素。

● **實體產品型企業**：對這類企業的價值創造仰賴有形資產，如製造設施、銷售設備、倉庫及存貨等。典型例子包括鋼鐵、汽車、造紙、化工等產業，以及面向消費者的產業如零售、餐飲和旅館業。

● **服務型企業**：服務型企業的競爭優勢來自於人力資源，且通常以一對一的方式提供服務。廣告、顧問及金融服務公司均屬此類。銷售增長依賴於員工數量和生產力的提升，因此，員工成本通常占這類企業總成本的大部分。

● **知識型企業**：知識型企業的競爭優勢同樣源自於人才，但這類企業並非為個別客戶量身定制服務，而是依賴智力資本來開發初始產品，並進行重複生產。軟體、音樂和製藥公司就是典型例子。由於創新和消費者品味的變化，這些企業必須不斷改進現有產品並開發新產品。

各類企業的特性

基本的經濟原則適用於所有企業。然而，由於不同類型企業的特性各異，它們的預期修正路徑也可能會有所不同。

▎投資觸發因素和規模擴大能力

實體產品型企業必須增加實體資產，而服務型企業必須增加人員來支撐企業成長。換句話說，對額外產能的需求會觸發再投資。這種對產能的週期性需求會限制規模擴大能力，也就是維持銷售成長比成本成長速率還快的能力。知識型公司的規模擴大能力很高，因為一旦產品開發之後，複製跟發送的成本相對較低。

一個例子是擁有並經營股市交易所的那斯達克公司（Nasdaq, Inc.）。這家公司計劃在 2020 年代將其交易所的數據中心從內部架構遷移到隨選的公用雲端上，例如亞馬遜網路服務（Amazon Web Services）和微軟的 Azure，這些雲端服務商為企業提供計算處理和網路儲存服務。當 2020 年 3 月交易量激增時，那斯達克的技術人員不得不手動增加內部數據中心的處理能力，而已經遷移到公用雲端的部分則能順利應對額外流量。

在討論這樣的轉移時，那斯達克技術長與資訊長布萊德‧彼特森（Brad Peterson）說：「真正的好處在於擴展能力和引入新功能的靈活性。」而且他提到，2020 年 3 月的插曲「證明當你仰賴傳統的基礎設施時，要增加容量有多困難。」[2]

並非所有知識型企業都可以高度擴大規模，因為這個市場可以容納的知識型產品相對很少。而且這個市場確實接受的知識型產品往往很快就會過時。產品過時的永久威脅會引發新一輪的投資。

然而，並非所有知識型企業都具備高度的擴展能力，因為市場對知識型產品的接受度有限，而且即便被市場接受的產品也往往迅速過時。這種產品過時的威脅會不斷引發新一輪的投資需求。

美國線上（AOL）和雅虎（Yahoo!）就是產品過時的一個典型案例。雅虎的市值在巔峰時超過 1200 億美元，但它在 2008 年拒絕了微軟以 450 億美元的收購提議。美國線上的市值曾經高達 2000 億美元，並在 2000 年宣布與時代華納（Time Warner）合併，當時的估值達到 1650 億美元。這一合併被認為是企業史上最糟糕的交易之一。最終，電信巨頭 Verizon 在 2015 年收購了美國線上，並在 2017 年收購了雅虎，當時這兩家公司的市值都已經縮減至不到 50 億美元。

▌競爭性與排他性

實體產品型和服務型企業在銷售額增加時，經常能夠降低單位平均成本，但這種情況只會持續到某個臨界點。過了這個點後，隨著企業開始競購更多稀缺資源，或是因規模擴大與官僚主義導致效率降低，單位成本會再次上升。加上競爭壓力，這樣的情況最終會進入一個報酬遞減的階段。

知識型企業在很大程度上不受稀缺要素投入的限制，因為它們生產的商品性質不同。這其中的關鍵差異在於競爭性商品與非競爭性商品。[3] 競爭性商品指的是當一個人使用後，會減少其他人可用的數量，像是汽車、鋼筆或襯衫。而非競爭性商品則不同，這類商品可以被多個人同時使用。知識型企業通常會以高昂的成本來開發這些商品的初始版本，但隨後的複製和分發成本相對較低。軟體是其中一個典型例子，配方或公式也符合這種特性。由於更高的產出與較低的邊際成本結合，這些企業往往會進入報酬遞增的階段，因為這些商品的使用並不依賴稀缺的要素投入。

排他性是指保護使用權的能力，這是競爭性商品與非競爭性商品的另一個區別。實體資產通常具有較高的排他性，因為產權保障擁有者能夠從資產中獲益。但是知識型商品往往是非排他性的，因為它們很容易散布。這意味著未經授權使用的風險很高，而且知識型資產的開發者面臨無法從投資中收到報酬的風險。舉個例子來說，開發者有可能無法從投資中獲得應有的回報。中國網路企業家王興就是一個例子，他曾被稱為「山寨王」，創建了模仿臉書的校內網，後來又仿製了 Twitter 和 Groupon。[4]

知識型資產的排他性程度受科技與法律體系的影響，例如專利和版權等機制。諾貝爾經濟學獎得主保羅·羅默（Paul Romer）指出，知識型資產可能具有「部分排他性」，這使企業能夠從其投資中獲利。

▌供給面和需求面的規模經濟比較

當實體產品型公司和服務型公司能夠隨著產品或服務數量的增加，以較低的單位成本執行關鍵活動時，便會出現供給面的規模經濟。然而，由於組織和官僚體制的低效率，供給面的規模經濟通常在公司能夠主導市場之前就會遇到限制。因此，實體產品型或服務型公司很少能夠掌握市場的主導地位。[5]

相比之下，知識型公司的規模經濟則更多仰賴需求面的正向回饋，也就是所謂的「強者越強，弱者越弱」的效應。這些規模經濟主要由需求面驅動，而非供給面，儘管兩者都會發揮一定的作用。當商品或服務的價值隨著使用者增加而提升時，便會出現需求面的規模經濟。像是 Uber 的共享汽車服務、WhatsApp 的即時通訊平台，以及 Yelp 的餐廳評論系統，都是具有代表性的案例。隨著更多使用者加入社群，這種正向回饋效應會逐漸加強，因為知識型企業的邊際成本通常非常低。這種效應可能會導致贏家通吃的結果。

表 9.1 總結了這些企業類型的特性。然而，即使在同一類型或產業中，公司也往往會採取截然不同的商業模式，這些模式就像是企業如何創造股東價值的藍圖。這些差異源自於公司在產品品質、技術、成本定位、服務、定價、品牌識別、合作夥伴關係和行銷管道等領域所做的策略選擇。這些選擇以及各類型的特性，共同形塑了預期基礎架構中的銷售、成本與投資行為。

表 9.1　幾個企業類型的主要特性

	實體產品型企業	服務型企業	知識型企業
優勢來源	資產	人	人
投資驅動因素	產量	產量	產品過時
規模擴大能力	低	低	高
產品	競爭性產品	綜合	非競爭性產品
資本保護	很容易	很困難	很困難
規模經濟	供給面	供給面	需求面

企業類型和價值構成因子

我們現在從價值構成因子的角度來觀察這些企業類型。為了簡化說明，我們將前兩個因子合併（數量與價格和銷售組合）。我們的目標是顯示預期基礎架構（圖 9.1）足夠穩健，能夠有效捕捉各

圖 9.1　預期的基礎架構

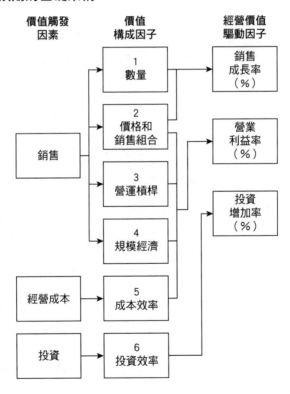

類企業的動態，從而幫助我們確認預期修正的潛在來源。

▌ 數量、價格和銷售組合

　　對於實體產品型企業來說，銷售利益和實體資產的成長與資產利用的效率息息相關。以傳統零售連鎖店為例，開設更多商店或重新配置現有店面，可能提升銷售成長的預期。銷售成長和實體資產常以成比例的方式一起變動。某些零售商因為具備優異的商業模式或執行技巧，表現優於其他競爭者，但最終銷售成長仍仰賴資產的成長。

　　服務型企業的情況也很相似。員工數量和生產力的成長會推動銷售成長。舉例來說，一家證券公司會因為增加新的專業人士和從那些專業人士那裡得到更多產出而成長。員工數量和銷售水準有密切的關係。資產和人員的成長和生產力的提升，會刺激實體產品型企業和服務型企業對銷售成長進行修正。

　　知識型企業則不同。具體來說，有兩種情況可能會導致知識型企業的銷售出現異常且往往出人意料的成長。首先，當某個產品成為業界標準，例如微軟 Windows 作業系統，這能確保用戶之間的兼容性，並鼓勵開發人員創作可以互補的軟體應用程式。雖然成為業界標準的過程充滿競爭，但一旦某家公司勝出，正向的回饋機制會促使其成為市場主導者。

第二種情況發生在當某產品或服務達到臨界用戶數量時，需求往往會突然大幅上升，這是由網路效應引發的。[6]這種成長是網路效應直接產生的結果，當產品或服務的價值隨著新會員的使用而增加時，就存在網路效應。[7]為了說明這點，我們以世界最大社群網路公司臉書為例。在早期，臉書有很多競爭對手，包括Myspace 和 Friendster。臉書需要足夠多的會員基礎才能達到臨界數量，並使其成為首選的網路。一旦達到那個臨界點，這家公司就會對廣告主產生吸引力。會員和廣告主會蜂擁進入臉書，因為每個人都在那裡。此外，新會員會對未來加入的會員更有吸引力，同時會使已經在那個網路裡的人受益。

標準制定者的成長路徑通常遵循 S 曲線，初期增長緩慢，隨後加速，最終趨於平緩。這樣的成長是由需求面的規模經濟所驅動，過去它是預期修正的重要來源，未來也將是尋找預期修正的關鍵領域。贏家將贏得大部分市場份額，而輸家則會看到其潛在客戶轉向競爭對手。[8]

然而，我們不想對知識型企業的經濟學過於樂觀。贏家通吃的市場裡，誕生一個贏家往往伴隨著眾多輸家。這些輸家承擔著與贏家相似的投資成本，但收入卻不足以抵消成本。投資人的挑戰和機會在於如何分辨贏家與輸家。

銷售成長是數量和價格與產品組合的函數。一些實體產品型公司和服務型公司可以透過提高銷售價格、改善產品組合，或是兩種兼具的方式來推動銷售成長和更高的營業利益率。提供消費者感覺比競爭對手的產品價值更高的企業，例如蘋果或 Gucci，可以收取溢價。這樣做可以使他們有機會讓銷售成長比成本成長更快。此外，一些公司會藉由改善產品組合來增加毛利。然而，我們知道很少公司會只藉由提高價格或改善產品組合來長期創造股東價值。然而，這些價值構成因子可能是短期預期修正的來源。

銷售成長既是數量與價格、產品組合的函數。一些實體產品型企業和服務型企業可以透過提高售價、改善產品組合或兩者兼而有之，來推動銷售增長並提升營業利潤率。像蘋果或 Gucci 這類提供比競爭對手更高價值感的企業，能夠收取溢價，從而實現銷售增長超過成本增長。然而，僅靠提高價格或改善產品組合很難長期創造股東價值，但這些因素仍可能成為短期內預期修正的來源。

▋ 營運槓桿

所有企業都會有產前成本，這是指在產品或服務產生銷售之前，企業所需吸收的成本。產前成本的重要性以及從初期支出到實現銷售之間的時間長短，會因企業類型和個別公司的不同而有所差異。然而，產前成本始終是沉沒成本，只有當銷售實現時，企業才能從中獲得回報。

一些實體產品型企業在銷售之前需要投入大量資金，以確保有足夠的產能來滿足預期需求。短期內的結果可能是未使用的產能。隨著銷售增加並填補這些產能，企業可以透過將產前成本分攤到更多產品單位來實現營運槓桿效應，結果是平均單位成本降低，營業利潤率提升。

太陽能板的製造是一個好例子。最近十多年來，太陽能板隨著產能的成長，製造成本急劇下降。科學家研究這種改變的根源，提到營運槓桿扮演的角色，他們寫道：「大型工廠藉由將共享的基礎設施成本分攤到更多的產出，來達到成本節約的結果。」[9]

大多數知識型產品的前期產前成本很高，但是複製和發送的成本相對較低。軟體是個標準的例子。微軟每年花數十億美元開發軟體，但是一旦寫完程式，公司就可以用很低的成本更新。使用者的數量增加會使每單位的平均成本降低，因為產品的成本大部分是固定成本。

藥物開發是另一種產前成本很高的知識型企業。[10] 醫學研究人員計算，一項產品從開發到最後得到食品與藥物管理署的核准，可能需要 14 億至 26 億美元。但隨著單位需求的增加，營運槓桿效應也會變得顯著。第一顆藥片的成本極高，但第二十億顆藥片的邊際成本僅為幾美分，因為製造商已經吸收了產前成本。

營運槓桿不會無限的擴大營業利益率。相反地，這是一種暫時的現象，因為實體產品型企業和服務型企業必須在產能耗盡時增加產能，而知識型企業必須開發新產品來避免產品過時。儘管如此，營運槓桿依然可能是預期修正的重要來源。

▌ 規模經濟

隨著銷售金額的增加，實體產品型公司、服務型公司和知識型公司通常能夠實現規模經濟，因為更高的銷售額能降低單位成本。成功獲得規模經濟效應的公司往往享有更高的營業利潤率。

一個簡單的例子是大量採購。當較大型的公司從供應商那裡買進大量的投入要素，像是原物料、日用品，到行銷和廣告服務等無形資產時，付出的費用往往會比較少。

奧萊利汽車零件公司（O'Reilly Automotive）展示了規模經濟的威力。在 2008 年併購 CSK 汽車零件公司（CSK Auto）後，這筆有史以來最大的併購案帶來了顯著的成長。公司的毛利率從 2012 年的 50.1％提高到 2019 年的 53.1％，成長約 40 億美元的銷售額。該公司將毛利成長歸因於交易量的增加，以及「與供應商一起採購並找出適當的成本結構，以便在世界上最適當的地區生產最經濟的零件」。[11] 換句話說，奧萊利汽車零件公司利用公司的規模，從供應商那裡得到最優惠的價格。這些年來，奧萊利汽車零件公司與領先的企業零件零售商「汽車地帶」（AutoZone）之間的毛利差距從 1.4 個百分點縮小到 0.6 個百分點。

規模經濟反映了一家公司隨著規模擴大能以較低成本執行活動的能力。與之對比，學習曲線則是指公司隨著累積經驗的增加而降低單位成本的能力。研究表明，對於中型公司來說，累積產量每翻倍，單位成本會下降大約 20％。[12] 因此，學習曲線效應也能帶來更高的營業利潤率。

一家公司不一定要從學習曲線中受益才能享有顯著的規模經濟效益，反之亦然。但是這兩者通常會緊密相關。如果你能區分規模經濟與學習曲線的差異，就更能準確地評價過去的表現並預測未來的變化。舉例來說，假設一家大公司透過規模經濟降低了成本，但隨後銷售下降，這時平均單位成本可能會上升。如果該公司是通過學習效應降低了成本，那麼隨著銷售下降，單位成本可能不會增加。

　　與規模經濟相關的規模範疇概念對知識型企業尤其重要。當一家公司通過進行多種活動來降低單位成本時，就會出現規模範疇效應。研發的外溢效果是其中一個重要的例子，一個研究項目中的想法可以轉移到其他項目中。例如，輝瑞公司最初開發西地那非（sildenafil）是為了治療高血壓，然而發現它在引起勃起方面更為有效，最終誕生了熱銷藥物威而剛（Viagra）。研究範圍多樣化的公司往往比研究範圍狹窄的公司更能找到其構想的應用途徑。[13]

　　與規模經濟相關的規模範疇概念對知識型企業尤其重要。當一家公司通過進行多種活動來降低單位成本時，就會出現規模範疇效應。研發的外溢效果是其中一個重要的例子，一個研究項目中的想法可以轉移到其他項目中。例如，輝瑞公司最初開發西地那非（sildenafil）是為了治療高血壓，然而發現它在引起勃起方面更為有效，最終誕生了熱銷藥物威而剛（Viagra）。研究範圍多樣化的公司往往比研究範圍狹窄的公司更能找到其構想的應用途徑。

　　儘管規模經濟可以成為預期修正的重要來源，但我們的經驗顯示，除了領先的實體產品型公司和服務型公司外，規模效益常常會被競爭消耗掉。此外，一些領導企業會選擇通過降低價格來推動銷售和市場份額，將規模效益轉移給客戶。然而，在贏者通吃的市場中，對知識型企業而言，規模的優勢非常重要。率先取得規模優勢的公司往往能顯著影響市場，並帶來可觀的預期修正。

▌ 成本效率

　　我們剛剛探討取決於銷售成長的兩個價值要素：營運槓桿與規模經濟。相較之下，成本效率則是指如何在不依賴銷售水準的情況下降低成本。

　　公司可以透過兩種基本方式實現成本效率。首先，公司可以在不同的活動中降低成本，這意味著它們以更高效的方式執行相同的任務。例如，跨國個人護理公司金百利克拉克（Kimberly-Clark）啟動了一項全球重組計畫，旨在簡化一般管理費用和製造供應鏈以降低成本。

　　金百利克拉克預測該計畫長期內可節省 5 億至 5.5 億美元的

稅前費用。具體措施包括裁員 5000 至 5500 人，並關閉 10 家製造工廠。為實現這些節省，公司預計將在盈餘中扣除 17 億至 19 億美元的稅前費用，其中包括 15 億至 17 億美元的現金成本，主要用於支付員工退休金和遣散費。[14]

服務型公司通常藉由用實體基礎設施替代人員來節省成本。例如，在零售銀行業中，隨著客戶逐漸減少與銀行行員的互動，並更多使用低成本的替代工具，如自動櫃員機和行動銀行應用，每筆交易的平均成本大幅下降。這些節省的成本通常迅速體現在更低的服務價格上，因為大多數大型金融機構都可以提供這些服務。然而，預期的機會仍然存在於採用技術的領先者與落後者之間。率先行動的公司可以保持技術曲線的領先地位，維持比競爭對手更低的成本，並享有更高的獲利能力。

知識型企業則主要透過減少員工人數來實現成本節省。Netflix 就是一個恰當的例子。2001 年初，在網路泡沫破滅後，這家公司擔心其財務生存能力，裁減了大約三分之一的員工以節省現金。然而，銷售持續增長，並且由於「人才密度」的提高，2002 年每位員工的平均銷售額比 2001 年高出了近 1.5 倍。[15]

實現效率的第二種方法是重新配置生產活動。先進的半導體廠商超微半導體（Advanced Micro Devices, AMD）在 2008 年底宣布的改變就可以證明這點。超微半導體歷年來都是設計與製造公司的微處理器。但是長期下來，建造製造設備的成本急劇上升，使垂直整合變得愈來愈艱鉅。這個問題很嚴重，因為超微半導體比產業領導廠商英特爾還小，因此很難承擔這些成本。

超微半導體於 2008 年啟動了去垂直整合的計畫，將晶片設計業務從製造業務分離，製造部門則成為獨立的公司格羅方德（GlobalFoundries）。超微半導體執行長德克‧麥耶爾（Dirk Meyer）表示：「這將使我們成為一家財務上更強健的公司，因為我們擺脫了之前必須承擔的資本支出負擔。」[16] 資本支出從 2006 年的 19 億美元下降到 2011 年的 2.5 億美元，減少了 85%。這家公司的目標是藉由重新配置生產活動來改善財務表現，而這與銷售無關。

如果一家公司能夠降低其生產活動的執行成本，或通過重新配置生產活動來降低成本，則可能會存在預期的機會。投資人應尋找成本結構異於行業標準的公司，價值鏈分析有助於揭露這些機會，或找到在不影響企業創造價值的情況下，能夠成功降低成本的公司。對實體產品型、服務型及知識型公司來說，成本效率可能是價格隱含預期修正的重要來源。然而，競爭會通過降低銷售價格或提供其他客戶利益來削減成本效率所帶來的好處，例如規模經濟。

▍投資效率

實體產品型企業若能更有效分配資金，將能提升股東價值。[17] 當企業能以較少的投資支出實現相同水準的稅後淨營業利益時，便達到了投資效率，這會在給定銷售額的情況下，產生更高的自由現金流量。投資效率的價值要素對於資本密集型企業尤為重要。

經營零售和批發藥物業務的沃爾格林聯合柏茲公司（Walgreens Boots Alliance）透過改進物流和補貨系統，大幅提升了營運資金效率。這使得公司現金循環週期（即將庫存投資轉化為現金流的天數）從 2011 年的 34 天縮短至 2019 年的 3 天，庫存週轉天數從 53 天減少到 32 天。在沒有影響公司銷售和營業利益前景的情況下，減少整體的營運資金投資需求。

全球營收最大的連鎖餐廳麥當勞提供一個說明固定資產投資可以增加價值的經典案例。麥當勞透過標準化、全球採購和購買力，在 1990 年初期大幅削減在美國的平均部門開發成本（表9.2）。值得注意的是，這些單位的預期銷售和營業利益率並未減

表 9.2 　麥當勞各單位的投資金額

	1990	1991	1992	1993	1994
土地	$433	$433	$361	$328	$317
建築物	720	608	515	482	483
設備	403	362	361	317	295
平均成本	$1,556	$1,403	$1,237	$1,127	$1,095

資料來源：麥當勞公司

注：美國的平均開發成本，單位為千美元。

少。效率的提高直接轉換成更高的現金流量和股東價值。

　　對於競爭於景氣循環產業中的實體產品型企業來說，投資支出模式也是一個重要的考量因素。這些企業通常在景氣高峰時過度支出，而在低谷時支出不足，投資人應當謹慎監控其投資支出。中型與重型卡車的領導廠商帕卡公司（Paccar）在卡車市場的景氣週期中展現了高度的投資自律，並連續 80 年獲利，包括在 2007 到 2009 年的經濟大衰退期間。

　　對於改變資金分配原則的公司來說，預期的機會最有可能會實現。舉例來說，研究人員研究 37 家零售商，藉此確認股東總報酬的驅動因素。他們發現限制店面擴張、避免只帶來成長但不會產生經濟價值的投資的公司，會比追求成長的公司創造更高的報酬。他們認為「治癒成長上癮症」是創造股東價值的關鍵。[18]

重點整理

● 你不需要新規則來了解整個經濟格局中創造價值的來源。預期投資法的基礎知識對所有公司而言都夠強大。

● 儘管創造價值的經濟學並沒有改變，但是實體產品型企業、服務型企業與知識型企業等類型的特性會改變。

● 透過價值構成因子的面向來了解企業類型，可以幫助你預測預期的修正。

PART 3

解讀企業訊號和
投資機會

第十章

併購

　　併購（mergers and acquisitions, M&A）在塑造公司格局上發揮重要作用。高階經理人往往冒著大幅損失公司市值的風險，以期提升競爭地位。併購與日常的資本投資不同，通常會像閃電一樣來襲，而且可能在一夜之間改變一家公司的策略和財務狀況。

　　併購對投資人很重要有幾個原因。第一，併購活動如此普遍，遲早會影響大多數股票投資組合裡一大部分的股票。在截至 2020 年的 25 年間，每年的全球併購金額平均占股票市值的 6％。其次，很少有公司的公告可以像重要併購案那樣快速或深刻的影響股價。最後，併購交易常會創造買賣機會，收購公司和出售公司的股東與其他投資人可以加以利用。

　　本章要探討併購提案對投資人帶來的機會和風險。我們首先要顯示收購公司如何在併購交易中增加價值，其中包括評估綜效的關鍵問題。接著我們會列出預期投資法的投資人在宣布一項併購交易後可以採行的適當分析步驟。這些步驟包括評估併購交易的潛在價值影響、解讀管理階層的訊號、預測股票市場初步的反應，以及在市場初步反應後更新分析結果。

收購公司如何增加價值

投資人、投資銀行家、公司和其他財經媒體成員用來評估併購效應最普遍的方法是看對每股盈餘立即的影響。[1] 他們認為使每股盈餘增加是好事，而讓每股盈餘稀釋是壞事。

但這並不是事實。圖 10.1 顯示了一項針對 2015 年和 2016 年近 100 件併購交易的詳細分析結果。圖中每一欄（縱向）根據公司宣布的併購交易是否會增加或稀釋每股盈餘進行排序。最右側一欄顯示，管理階層預期超過八成的併購交易會使每股盈餘增加。

圖中各列（橫向）則顯示了買方公司股票在併購交易宣布當天的累積超額報酬，這是股東總報酬與預期報酬之間的差異。中性反應的定義是股價波動在 100 個基點以內的收益或損失。

圖 10.1 每股盈餘效應和累積超額報酬

預期對每股盈餘的影響

買方反應		稀釋	中性	增加
	負向	4	2	**45**
	中性	3	0	15
	正向	3	1	22

資料來源：Mauboussin, Dan Callahan, and Darius Majd, "To Buy or Not to Buy: A Checklist for Assessing Mergers and Acquisitions," *Credit Suisse Global Financial Strategies*, February 27, 2017.

　　第一列和中間那列顯示，大約四分之三的交易對股東報酬有中性或負面影響。最底部那列顯示，在這個樣本中，只有四分之一的併購交易帶來了正向的報酬，這些交易被預期能為股東創造價值。值得注意的是，約有一半的併購交易預期會增加每股盈餘，但其超額報酬仍然為負數。

　　僅僅關注併購對每股盈餘的影響既危險又過於簡化。除了第一章提到的所有關於盈餘的缺點之外，併購還會帶來額外的問題。即便兩家公司的經營情況沒有任何改善，併購仍可能導致每股盈餘成長。事實上，併購的計算方法可能會使收購公司的每股盈餘增加，即使合併後的公司總體盈餘減少。

當買方公司使用股票資金進行併購，且買方公司的本益比高於賣方公司時，就會出現這種不合理的情況。在這些情況下，每股盈餘雖然上升，但這與價值創造毫無關聯。

要了解這是如何運作的，可以考慮假想的買方公司（Buyer Inc.）和賣方公司（Seller Inc.）引人注目的統計數字。在併購交易前，賣方公司的在外流通股數有 4000 萬股，每股交易價格 70 美元，市值為 28 億美元。買方公司的在外流通股數有 5000 萬股，交易價格 100 美元，而且提議以新股來交換賣方公司的所有股票。併購的報價是 100 美元，比賣方公司目前 70 美元的股價高出 30 美元。在併購後，在外流通股票有 9000 萬股，這是買方公司的 5000 萬股加上給賣方公司股東的新股 4000 萬股。我們假設這項併購沒有綜效，因此合併公司的盈餘只是兩家公司的盈餘加總。

買方公司目前的每股盈餘是 4.00 美元，然而，由於它從發行的新股中得到每股 10.00 美元的盈餘，因此它的每股盈餘會從 4.00 美元增加到 6.67 美元（總盈餘 6 億美元除以合併後的 9000 萬股），只因為它的本益比比賣方公司還高。反之亦然：如果賣方公司買下買方公司，會產生每股盈餘稀釋的效果，因為賣方公司的本益比比較低。不管是哪種情況，每股盈餘的改變都不能顯

	買方公司	賣方公司	結合
股價	$100	$100*	
每股盈餘	$4.00	$10.00	**$6.67**
本益比	25	10	
股數（百萬）	50	40	90
總盈餘（百萬）	$200	$400	$600

* 併購的報價

示合併是否會增加價值。

　　買方公司目前的每股盈餘是 4.00 美元，但由於發行的新股每股帶來 10.00 美元的盈餘，因此它的每股盈餘會從 4.00 美元增加到 6.67 美元（即總盈餘 6 億美元除以合併後的 9000 萬股）。這只是因為買方公司的本益比比賣方公司高。相反，如果是賣方公司收購買方公司，則會出現每股盈餘稀釋的情況，因為賣方公司的本益比較低。無論哪種情況，每股盈餘的變化都無法準確反映合併是否增加了價值。

　　收購公司以高於資金成本的報酬率進行投資，從而在併購中創造價值。為了確認收購公司會創造多少股東價值，可以估計併購綜效的現值，然後減掉併購的溢價。溢價是收購公司提案的報價高於賣方獨立運作的價值金額。綜效是由兩家公司合併後產生的額外現金流量所創造的價值。這個公式很簡單，但是要產生綜效卻不容易。[2]

公式 10.1：

併購交易的價值改變＝綜效的現值－併購的溢價

收購公司願意為賣方獨立運作的價值支付溢價，因為收購公司相信它可以產生超過溢價的綜效。因為我們知道併購交易宣布時的溢價，因此我們需要確定綜效是否足以增加價值。[3] 預期投資法流程可以指引這樣的評估。

公司會針對幾乎所有併購交易的預期綜效來源和規模提供具體預測。為了評估一項併購交易有沒有可能增加價值，我們把管理階層對資金成本所產生的稅後綜效預測化成金額數字，並與其中的溢價進行比較。舉例來說，預期稅前可以節省 1 億美元，稅率為 20％，資金成本是 8％，換算出的稅後綜效價值為 10 億美元：〔1 億美元 × (1 － 20%)〕/8％ ＝ 10 億美元。溢價低於 10 億美元，意味著買方預期會為股東增加價值，而溢價超過 10 億美元，意味著併購很可能會破壞價值。

評估綜效

要判斷哪些綜效預期會實現，有幾種方法。首先，我們來看管理階層。你對管理階層預估的信任程度，很大程度上取決於他們的可信度。我們發現，在許多情況下，管理階層估計的綜效不足以抵銷併購所付出的溢價。例如，2008 年 7 月，陶氏化學（Dow Chemical，現為陶氏公司〔Dow Inc.〕）同意以高達 74% 的溢價收購羅門哈斯公司。根據公司自身的數據，經過折現後的綜效價值低於溢價，這導致管理階層的預估無意中引發了股價立即下跌 4% 的情況，這也是合情合理的反應。[4]

其次，研究顯示，管理階層更有可能實現成本綜效，而不是營收綜效。舉例來說，有項研究顯示，超過三分之一的公司達到他們預期的成本綜效，但是不到六分之一的公司實現預期的營收綜效。這顯示對營收綜效抱持懷疑看法是理所當然的。[5]

評估綜效的第三種方法是使用第三章介紹的預期的基礎架構，以及第四章討論的策略分析。預期的基礎架構是評估綜效的理想工具。當你從價值觸發因素轉向經營價值驅動因子時，有些符合邏輯的問題就會出現，包括：

銷售面：

- 併購是否擴大了產品供應、配銷通路，或擴大了經營的地域範圍？
- 合併後的公司能否從已經進行的投資中獲得更大的營運槓桿？
- 公司是否有機會在原物料採購和行銷等領域獲得規模經濟？

成本面：

- 管理階層能否消除多餘的活動，包括銷售、會計、法遵和行政上的活動？

投資面：

- 併購交易能否提供資產重新配置的機會或特殊的資本管理技巧，使長期投資需求降低？

除了這些潛在的經營綜效之外，一項併購交易可能會產生較低的稅負和融資成本。儘管所有收購公司都懷著最好的意圖要達成交易，但是想要取得綜效很明顯是個挑戰。

併購交易公布時該做什麼？

以下是當一項併購交易宣布時你會想要回答的幾個問題：

1. 這筆併購交易是否會對買方公司和賣方公司的股東產生重大的經濟影響？

2. 這筆併購交易是一種投機、營運考量、過渡性質、還是變革性質？

3. 買方是否藉由選擇以股票支付這筆併購交易，而非以現金支付，來發出訊號？

4. 股票市場的初步反應可能是什麼？

5. 我們如何在市場初步反應後、但交易完成前更新我們的分析？

這些問題的答案會幫助你確認併購公告所帶來的預期機會。

評估併購交易的價值影響：股東風險值

一旦公司宣布一項重大的併購交易，兩家公司的股東以及其他感興趣的投資人，都需要評估這筆交易對相關股東的潛在影響。[6] 即使投資人缺乏足夠的資訊來自信地評估綜效，他們仍然必須了解，如果嵌入溢價中的綜效預期無法實現，將對每家公司股東造成什麼影響。拉波帕特和希瓦羅（Sirower）提出了兩個簡單的工具來衡量綜效風險，一個針對收購公司的股東，另一個則針對出售公司的股東。[7]

第一個工具是股東風險值（shareholder value at risk, SVAR®），這是一種直接且實用的方法，評估收購公司未能實現其預期綜效價值的風險。可以將其視為一個「公司賭注」指數，它顯示出如果合併後沒有產生綜效，收購公司的價值中有多少百分比會處於風險之中。

現金併購的股東風險值很簡單，就是溢價除以收購公司在併購公告前的市場價值。這個邏輯很直觀：如果沒有綜效，收購公司支付的溢價就是將股東的財富直接轉移給出售公司的股東。承諾的溢價愈大，收購公司將股東置於風險中的程度就愈高。

我們還可以通過將溢價比例乘以賣方公司的市場價值相對於買方公司的市場價值來計算股東風險值（如表 10.1 所示）。買方公司支付給賣方公司的溢價比例越大，且賣方公司的市場價值相對於收購公司的市場價值愈大，股東風險值就愈高。當然，收購公司的損失甚至可能超過溢價。在這種情況下，股東風險值可能低估了風險。

表 10.1　現金併購交易下的股東風險值

		賣方公司對買方公司的市值比			
		0.25	0.50	0.75	1.00
	20%	5.0%	10.0%	15.0%	20.0%
	30%	7.5%	15.0%	22.5%	30.0%
溢價	40%	10.0%	20.0%	30.0%	40.0%
	50%	12.5%	25.0%	37.5%	50.0%
	60%	15.0%	30.0%	45.0%	60.0%

　　考慮一下我們上面假想併購交易的股東風險值數字。買方公司提議要付給賣方公司40億美元（每股100美元 × 4000萬股）。溢價是12億美元（40億美元－28億美元）。買方公司的市值是50億美元（每股100美元 × 500萬股）。在現金併購交易中，買方公司的股東風險值是12億美元除以50億美元，也就是24%。因此，如果綜效沒有實現，買方公司的股票就有下跌24%的「風險」。

收購公司的負擔

　　自 1980 年代以來的大部分時間裡，收購公司的股價在併購交易宣布後立即下跌。* 在某些情況下，這種下跌只是未來更糟情況的預兆。市場對於併購公告的一貫負面反應顯示大家對收購公司能否在維持原業務價值的同時，實現綜效來證明溢價合理的懷疑。證據顯示，溢價越大，收購公司股價的表現就越糟。那麼，為什麼市場對此如此疑慮？為什麼收購公司在為股東創造價值方面如此艱難？

　　許多併購會失敗，只是因為交易條款設定的期望門檻太高。即使沒有併購溢價，收購公司和出售公司的股價都已經反映業績的改善。舉例來說，在標準普爾 500 指數中，非金融公司的經營績效水準在假設沒有改善的情況下，只占股價 60% 左右。對於快速成長的科技公司，這個比例通常會低很多。其餘的股價是基於預期當前表現和創造價值的投資所產生的改善。從這個角度來看，併購中 30% 至 40% 的溢價只會加大對重大改善的期望。而且，如果管理階層在併購後的整合期間從某些業務中抽調重要資源，這些資源被抽走的業務可能會出現業績下滑，進而抵消新併購業務的成長。

　　併購也很讓人失望，因為競爭對手通常可以複製併購交易的好處。當收購公司試圖以犧牲自身的代價來產生綜效時，競爭對手不會坐視不管。可以說，一項併購除非賦予一個持久的競爭優勢，不然不應該得到任何溢價。事實上，併購有時會使一家公司在面對競爭攻擊時更為脆弱，因為整合的需求會轉移管理階層的注意力。併購還會創造機會給競爭對手去挖腳人才，同時組織的不確定性也很高。

　　併購可以是快速成長的路徑，但是它們需要預先全額付款才能在一段時間後受益。對研發、產能擴張或行銷活動的投資通常可以分階段進行。在併購上，財務時鐘從一開始就在整個投資中滴答作響。投資人希望看到即時績效成長這種讓人信服的證據並非毫無道理。如果他們不這樣做，他們會在進行任何整合之前，壓低公司的股價。

　　可比較的併購價格往往會影響併購的收購價格，而不是影響管理階層在哪裡、何時和如何達到實際的業績收益的嚴格評估。因此，支付的價格與可達到的價值可能沒有什麼關係。

　　撤銷一項出錯的併購可能也很困難，而且成本非常昂貴。在信用可能受損下，經理人也許會無止盡地撒錢，希望能用更多的時間和金錢來證明他們是正確的，使問題變得更為複雜。

---

* Jerayr Haleblian, Cynthia E. Devers, Gerry McNamara, Mason A. Carpenter, and Robert B. Davison, "Taking Stock of What We Know About Mergers and Acquisitions: A Review and Research Agenda," *Journal of Management* 35, no. 3 (June 2009): 469–502.

† 資料來源：Alfred Rappaport and Mark L. Sirower, "Stock or Cash? The Trade-Offs for Buyers and Sellers in Mergers and Acquisitions," *Harvard Business Review* 77, no. 6 (November–December 1999): 147–158.

買方公司如果提供賣方公司的股東股票，而不是現金，那麼買方公司的股東風險值會比較低，因為股票併購交易會將部分風險轉移給賣方的股東。要計算買方公司因為股票併購交易的股東風險值，可以將溢價放在分子，並除以賣方公司和買方公司合併後的市值（包括溢價）。在這個例子中，12 億美元除以 50 億美元加上 40 億美元，得出股票併購交易的股東風險值為 13.3%：12 億美元／（50 億美元＋ 40 億美元）= 13.3%。你也可以通過計算買方股東在合併公司中的持股比例，並乘以全現金併購的股東風險值，來確認最終的股東風險值。在這個情況下，股東風險值為 55.6%（50 億美元／〔50 億美元＋ 40 億美元〕）乘以 24%，也就是 13.3%。

股東風險值的大小並不總是顯而易見，因為併購交易的結構多樣化，交易公告通常僅根據股價條件來進行說明，而非溢價大小和買賣雙方的市場價值。但如果股東風險值相對較小，這表明這筆交易對買方公司的實質經濟影響可能不大。相對地，若股東風險值較高，這筆交易就值得進行更深入的分析。

第二個工具是股東風險值的變形，稱為「風險溢酬」（premium at risk）。這個衡量工具有助於賣方股東評估綜效未能實現時的風險。賣方的關注點是，在買方發行的股票數量確定的情況下，固定股票數量的併購報價中有多少溢價面臨風險。答案取決於賣方股東在合併公司中的持股比例。以我們的例子來說，賣方公司的股東風險溢酬為 44%（40 億美元 /〔50 億美元 + 40 億美元〕）。

如果沒有出現綜效，賣方公司的股東會得到 40 億美元的收購價減去 12 億美元溢價的 44％，也就是 34.67 億元。在沒有溢價的情境下，賣方股東每股會得到 86.67 美元（34.67 億美元除以 4000 萬），而不是併購交易公告提到的每股 100 美元。

風險溢價的計算是衡量風險相當保守的方法，因為它假設獨立經營的事業價值是安全的，而且只有併購才有風險溢酬。表 10.2 呈現 2019 年和 2020 年一些股票併購交易的股東風險值與風險溢酬。

風險溢酬顯示了為什麼從賣方的角度來看，固定價值的併購報價比固定股票數量的報價更具吸引力。在固定價值的併購報價中，如果在股票交割之前，買方公司的股價下跌並讓承諾的溢價全部消失，賣方公司的股東將只會收到額外的股票。由於買方公司完全承擔了賣方公司的風險溢酬，賣方公司的股價在收盤時並不包含綜效預期，因此賣方股東不僅會得到更多股票，還會獲得風險更低的股票。相較之下，在固定股票數量的交易中，賣方公司股東將承擔併購公告後買方股價下跌的部分風險。

表 10.2　2019 和 2020 年公告股票併購交易的
　　　　股東風險值和風險溢酬

收購公司	出售公司	溢價（%）	出售公司相對出售公司的市值比	現金併購的股東風險值（%）	收購公司的股權占比（%）	股票併購的股東風險值（%）	出售公司的的風險溢酬（%）
BB&T	SunTrust	6	0.71	4	57	3	43
S&P Global	IHS Markit	5	0.45	2	68	1	32
Salesforce.com	Tableau Software	42	0.08	4	89	3	11
Analog Devices	Maxim Integrated	22	0.37	8	69	6	31
Advanced Micro Devices	Xilinx	35	0.39	10	71	7	28

注：市值是指 2019 年和 2020 年股票交易時的價值

評估交易類型

　　專注於併購的財務專家彼得・克拉克（Peter Clark）和羅傑・米爾斯（Roger Mills）發現，併購交易的成功機率會因不同的交易類型而有所變化。他們識別了四種併購類型。第一種，投機型併購交易，這是指較弱的競爭對手賣給較強的競爭對手，成功率約為 90%。第二種，營運型併購交易，買賣雙方的業務模式類似，這類交易的成功率也高於平均。第三種，過渡性質的併購交易，這類交易旨在擴大市場份額，成功率變化很大，因為買方通常需要支付較高的溢價才能完成交易。第四種，變革性質的併購交易，即買方進入完全不同的產業，這類交易成功的機率很低。[8]

解讀管理階層的訊號

收購公司選擇以現金或股票支付交易，會向投資人發出強烈的訊號。根據股東風險值的分析，在現金交易中，收購公司的股東承擔全部風險並獲得所有報酬。如果綜效未能實現，只有收購公司的股東會受到影響。相反地，如果綜效超過溢價，他們會獲得全部利益。在股票交易中，收購方和出售方的股東則共同分擔風險與報酬。

使用現金或股票支付的決策反映了收購公司對於實現預期綜效的信心。如果收購公司對交易有高度信心，通常會選擇以現金支付，讓股東不用將潛在的合併利益讓給出售公司的股東。然而，如果管理階層對綜效實現有疑慮，可能會選擇發行股票來分散風險，透過稀釋現有股東的持股來減少潛在的損失。

此外，如果管理階層認為公司股票被低估，則不應發行新股，因為這會損害現有股東的利益。研究顯示，市場通常將股票發行視為管理階層認為股價被高估的訊號，因為他們比外界更了解公司的長期前景。諷刺的是，許多宣稱股價過低的執行長在併購時卻選擇發行大量股票，而不是使用現金，這讓市場更加懷疑併購的前景。市場對現金併購的反應通常比股票併購更為熱烈。[9]

股票併購還會向預期投資法的投資人傳達兩個潛在訊號：收購公司管理階層對併購缺乏信心，或者公司股價被高估。[10]理論上，如果公司對整合成功有信心，並相信股價被低估，那麼應該選擇現金交易。現金交易可以解決收購公司對自身股價低估的問題，同時也消除了出售公司對收購公司真實價值不確定的疑慮。

然而，現金或股票的選擇並不總是那麼簡單。例如，某家公司可能缺乏足夠的現金或借貸能力來進行現金交易。在這種情況下，儘管發行低估股票會增加成本，管理階層仍可能認為這項併購能夠創造價值。此外，出售公司可能因為稅務原因更偏好股票交易。因此，預期投資法的投資人不會將現金或股票交易視為收購公司前景的明確訊號。

如果你持有一家被股票併購的公司的股份，那麼你將成為合併後公司的合夥人。因此，你與收購公司的股東一樣，對實現綜效抱有同樣的關切。如果綜效未能實現，或是交易完成後出現令人失望的發展，你可能會損失買方提供的大部分溢價。

最後，出售公司的股東不應假設併購公告中提到的換股價格就是併購完成時的最終價值。雖然提早出售股份可以降低風險，但這也會有成本，因為在併購完成之前，目標公司的股價通常會低於併購報價，以反映交易可能未完成的風險。[11] 相對而言，選擇在併購完成後再出售股票的股東，也無法確定未來股票的價值。提早出售可能會錯失潛在收益，而太晚出售則可能面臨股價下跌的風險。

預測股市的初步反應

有了決定價值變動的基本公式，以及了解融資決策對買賣雙方影響的知識，你就具備了預測股市對併購宣告初步反應所需的所有工具。[12]

首先，從併購價值創造的公式（公式 10.1）開始，估計綜效的現值，並計算溢價。在評估綜效時，請考慮管理階層所提供的財務指引。

一旦併購宣告後股票開始交易，你可以藉由將收購方公司的市值變動加上溢價，來推算市場對綜效的預期。接著，你可以評估市場對綜效預期的合理性。如果市場似乎高估或低估了綜效，那麼你可能就會找到投資機會。

市場初步反應以後

併購評估的最後一部分是在交易宣布和市場做出反應後進行更新分析。這樣的分析能幫助你判斷現金和股票併購交易後，收購公司和出售公司的股票是否具有吸引力。

現金併購提案：讓我們從現金併購提案的買方股價變動開始。假設併購公告後，買方公司的股價立刻下跌 10％（從每股 100 美元跌到 90 美元）。買方公司的股東承受了一部分的股東風險值，這是沉沒成本。股東和其他投資者現在需要考慮的是該怎麼做。你可以使用一個公式來更新併購公告前的股東風險值，並確認當前的綜效風險。

公式 10.2

$$目前的股東風險值 = \frac{溢價 + 併購宣布後市場價值的改變}{併購宣布後的市場價值}$$

以我們的例子來換算價值：

$$15.5\% = \frac{12\ 億美元 - 5\ 億美元}{45\ 億美元}$$

分子是最初的溢價與買方公司市場價值變化的總和，反映了併購公告後股價暗示的綜效風險。在這個案例中，分子是 12 億美元的溢價減去 5 億美元的市值減少（股價下跌 10 美元乘以5000 萬股）。7 億美元的差額代表了持續持有買方公司股票的股東或其他以目前價格買入的投資者所面臨的綜效風險。

分母中的市值因為股價下跌 5 億美元而降至 45 億美元。併購公告後的股東風險值 15.6％低於併購公告時的 24％，這是因為買方公司的股東已經吸收了 5 億美元的下跌風險。因此，目前的股東風險值反映了當前股東以及以當前價格買入股票的投資者剩餘的綜效風險。同樣地，市場對併購公告的正面反應會增加股東風險值，反映出續抱股票的股東與新進股東承擔更大的風險。

另一方面，假設現金併購提案中的賣方股東不用承擔綜效風險，因為所有風險都由買方股東承擔。當然，賣方面臨的風險在於買方無法完成併購提案，這可能是由於融資不足或監管阻撓等原因。

固定股份的併購提案：接著，我們來看固定股份的股票併購提案。股票併購提案的股東風險值是全現金併購提案的股東風險值 24％乘以買方公司併購後擁有新公司 55.5％的股份，也就是 13.3％。再次假設，併購宣布後，買方公司的股價從每股 100 美元下跌到 90 美元。與現金併購交易一樣，買方公司的股東已經承擔了一部分的綜效風險。因此，併購公告後的股東風險值下降至 8.6％，這是公告後的現金併購風險值 15.6％乘以買方公司併購後擁有的 55.5％股權比例。

出售公司的股東擁有合併公司 45％的股份，與買方公司股價下跌所帶來的風險相同。以買方公司當前的股價計算，12 億美元的溢價中只有 58.3％（約 7 億美元）仍然處於風險之中。這 58.3％乘以出售公司 44.5％的股權，得出 26％的風險溢酬。出售公司的股東需要決定是否願意承擔這 26％的溢價風險。

固定價值的併購提案：最後，考慮固定價值併購提案。在這種情況下，假如買方公司的股價下降到 90 美元並保持不變，則公司需要發行 4440 萬股，而不是 4000 萬股，來給賣方股東提供 40 億美元的固定價值。因此，買方公司在合併後擁有新公司 53％的股份。買方公司的股東承擔了併購公告後股價下跌的全部風險，因此股東風險值降至 8.2％（即 15.6％的現金併購風險值乘以合併後 53％的股份比例）。

固定價值併購提案下，出售公司的股東在交割期間不會承擔價格風險。實際上，買方公司的股價跌得愈多，出售公司股東在併購結束後承擔的綜效風險就愈小。隨著買方公司的股價下降10%，從每股 100 美元降至 90 美元，原先 12 億美元溢價中的 7 億美元（即 58.3%）仍然處於風險中。這 58.3% 乘以出售公司股東在合併公司中擁有的 47% 股份，得出 27.4% 的風險溢酬。出售公司的股東需要決定是否願意冒著超過 1/4 的溢價風險來對綜效下注。

併購為投資人提供了豐富的潛在機會，只要他們能夠讀懂管理階層的訊號，並評估併購交易的經濟影響。雖然一些引人注目的併購公告可能很快就從許多投資人的記憶中淡去，但本章所介紹的工具可以幫助你在公告當下及之後，深入分析併購交易的影響。

重點整理

● 每股盈餘的改變並非判斷併購成功很好的指標。

● 收購公司增加的股東價值等於綜效的現值減去溢價。

● 股東風險值顯示收購公司股東下注併購成功時，股價有多少比例處於風險之中。

● 風險溢酬顯示出售公司的股東下注併購成功時，溢價有多少比例處於風險之中。

● 在現金併購中，收購公司的股東承擔所有的綜效風險，而在股票併購交易中，出售公司則會分擔綜效風險。

● 以股票併購的交易會送出兩個潛在的訊號給預期投資法的投資人：管理階層對併購缺乏信心，以及收購公司的股票被高估。

● 併購公告使收購公司的股價改變後，需要重新計算股東風險值，來確認可能的買賣機會。

第十一章
買回庫藏股

2000 年以來，買回庫藏股成為美國公司將現金還給股東最受歡迎的方式，讓發放股息的做法黯然失色（表 11.1）。[1] 買回庫藏股的做法也在全球持續成長。對全球買回庫藏股的大量研究得出的結論是，他們與長期積極超越股票報酬有關。[2] 儘管有這些證據，而且受歡迎的程度激增，買回庫藏股還是持續引發大量的爭議與混亂。[3]

在適當的情況下，買回庫藏股可以給預期投資法的投資人一個修正對公司前景預期的訊號。事實上，當經理人對公司前景的看法比市場隱含的情況更樂觀時，買回庫藏股是提高公司股價非常有效的方法。然而，這個訊號並不總是很清楚，因為買回庫藏股與利益有衝突，包括有些情況不會為續抱股票的股東增加價值。

表 11.1　S&P 500 的股息、買回庫藏股與股東總收益率

（單位：10 億美元）

	股息	買回庫藏股	股息＋買回庫藏股	S&P 500 的平均市值	股東總收益率（%）
1982	47	8	55	939	5.8
1983	50	8	58	1,118	5.1
1984	53	27	80	1,219	6.6
1985	55	40	95	1,359	7.0
1986	63	37	100	1,605	6.2
1987	65	45	110	1,723	6.4
1988	83	46	129	1,817	7.1
1989	73	42	115	2,132	5.4
1990	81	39	120	2,281	5.3
1991	82	22	104	2,510	4.1
1992	85	27	112	2,920	3.8
1993	87	34	121	3,161	3.8
1994	88	40	128	3,326	3.8
1995	103	67	170	3,967	4.3
1996	101	82	183	5,107	3.6
1997	108	119	227	6,591	3.4
1998	116	146	262	8,749	3.0
1999	138	141	279	11,129	2.5
2000	141	151	292	12,015	2.4
2001	142	132	274	11,089	2.5
2002	148	127	275	9,285	3.0
2003	161	131	292	9,197	3.2
2004	181	197	378	10,788	3.5
2005	202	349	551	11,272	4.9

2006	224	432	656	11,992	5.5
2007	246	589	836	12,799	6.5
2008	247	340	587	10,360	5.7
2009	196	138	333	8,890	3.7
2010	206	299	505	10,679	4.7
2011	240	405	645	11,408	5.7
2012	281	399	680	12,064	5.6
2013	312	476	787	14,619	5.4
2014	350	553	904	17,370	5.2
2015	382	572	955	18,072	5.3
2016	397	536	934	18,584	5.0
2017	420	519	939	21,045	4.5
2018	456	806	1,263	21,924	5.8
2019	485	729	1,214	23,893	5.1
2020	480	520	1,000	29,209	3.4
				平均	4.7

資料來源：Standard & Poor's; J. Nellie Liang and Steven A. Sharpe, "Share Repurchases and Employee Stock Options and Their Implications for S&P 500 Share Retirements and Expected Returns," *Board of Governors of the Federal Reserve System Finance and Economics Working Paper No. 99–59*, November 1999; FactSet.

這章開發一個評估買回庫藏股計畫的指南。我們從我們主要的興趣開始，也就是在確定公告買回庫藏股時，提供一個可信的訊號來修改預期。我們會繼續呈現一條黃金法則，讓我們能用來評估所有的買回庫藏股計畫。最後，我們應用黃金法則來作為評估最常引用買回庫藏股的原因。

當一家公司宣布買回庫藏股計畫時，首先你必須確定管理階層是否提供一個可信的訊號，顯示市場應該修正預期。正如預期投資法的投資人會找到修正預期的理由一樣，公司經理人也是如此。

你需要重新檢視預期投資法的流程（第五章至第七章），來評估管理階層發出對經營價值驅動因子的市場共識預期過低的訊號強弱。一家公司的經理人為了為既有股東創造價值，最可靠的一個方法是從不贊同管理階層樂觀看法的股東手中買回股票。[4]

當管理階層發出股價被低估的訊號時，你必須確定哪些經營價值驅動因子的預期過低。我們建議重新檢視預期的基礎架構，這是一個系統性的方式來揭開預期修正的潛在來源。作為指引，你可以考慮以下項目：

- 銷售：數量、價格與產品組合、營運槓桿、規模經濟
- 成本：成本效率
- 投資：營運資本與固定資本的支出效率
- 資本結構：債務與權益融資的組合

請注意我們增加了資本結構。公司有時會透過買回庫藏股來

提高財務槓桿，這對投資人來說通常是正面的信號，因為它顯示出管理階層對未來現金流量的信心。[5] 隨著應付利息的增加，公司用低於資金成本的利率來再投資多餘現金的能力會受到限制。因此，財務槓桿可以降低代理成本，也就是減少管理階層和股東之間的利益衝突。[6]

但這並不總是好消息。至少在兩種情況下，買回庫藏股計畫會發出負面信號。首先，買回庫藏股可能顯示出管理階層已經沒有更多能夠創造價值的計畫。當公司的股價已經反映了市場對創造價值的投資預期，而公司選擇將現金返還給股東，而不是再投入業務時，你可以推測市場對公司未來商機的預期可能過高。[7]

第二種情況是，當管理階層為了達成外界公布的財務目標，例如每股盈餘或股東權益報酬率，而進行股票回購，但這些目標與企業價值並無明確關聯。在許多這樣的情況下，因為營運表現不佳，公司會轉向財務操作來達成目標，而非靠實際業務改善來推動績效。[8]

黃金法則

我們已經開發出一個買回庫藏股的黃金標準，這可以作為評估買回庫藏股計畫經濟吸引力的通用標準：

一家公司只有在股價低於預期價值，而且沒有更好的投資機會時，才應該買回庫藏股。

讓我們來仔細分析這個法則。第一部分：「公司只有在股價低於預期價值時才應該買回庫藏股」，這完全符合預期投資法的流程。當管理階層以低於價值的價格買回庫藏股時，實際上就像是一個精明的投資人。如果管理階層對預期價值的評估是正確的，那麼財富就會從賣出的股東轉移到持續持有股票的股東手中。因此，持續持有股票的股東每股的預期價值將會上升，這與管理階層追求最大化續抱股東價值的目標是一致的。

第二部分：「沒有更好的投資機會」，則關乎公司的資本分配優先順序。買回庫藏股可能看似有吸引力，但在事業上進行再投資可能是更好的選擇。尋求股東價值最大化的公司應該首先將資本分配給報酬率最高的投資項目。

這項黃金法則還有兩個值得注意的推論：

● 買回庫藏股的報酬率取決於市場對該股票的低估程度。

如果一家公司的股票交易價格低於估計的預期價值，而賣出的股東願意以這個價格賣出股票，那麼續抱股票的股東將能獲得超過資金成本的報酬。低估的價值愈多，續抱股票的股東得到的報酬就愈高。[9] 續抱股票的股東報酬可以預期會等於資金成本除以股票價格對預期價值的比例。[10] 假設一家公司股東權益成本為 8%，而股票以預期價值的 80% 交易，8% 除以 80% 將得出續抱股東的報酬率為 10%。經理人和投資人可以將這個報酬率與其他投資機會進行比較，根據相對吸引力進行排序。這個公式同時顯示出，當庫藏股買回價格高於預期價值時，將會產生低於資金成本的報酬。

● 買回庫藏股可能比投資在這個事業上更有吸引力。尋求建立長期價值的管理團隊了解到，他們應該把資金投注在所有有吸引力的投資項目。當一家公司沒有多餘現金或借款能力，而且必須部分或全部放棄在事業上創造價值的投資，來把錢用在未來的買回庫藏股計畫，就會產生一項挑戰。一家公司只有在買回庫藏股的預期報酬高過投資在事業上的預期報酬時，才應該買回庫藏股。[11]

我們現在有了評估管理階層買回股票決策的方法，但即使管理階層的初衷是正確的，我們仍然需要判斷他們是否基於對市場預期的正確理解來做出這一決策。此外，也要留意管理階層可能存在的過度自信。經理人幾乎總是認為公司的股票被低估，但他們往往未能充分了解股票價格中所隱含的市場預期。歷史上有太多公司自信地認為其股票被低估，進行庫藏股買回，結果卻是公司業務前景惡化，股價表現不佳。

讓我們花點時間來總結一下公司將現金返還給股東的各種情況所產生的影響（見表 11.2）。在這個簡單的例子中，公司的總價值為 10 萬美元，發行了 1000 股流通股，因此股票的公平價值為每股 100 美元（$100 = $100,000/1,000）。公司決定將 2 萬美元返還給股東。第一個要點是，在支付現金後，公司的總價值會變成 8 萬美元，無論這家公司是以高於還是低於公平價值的價格回購庫藏股，或者是選擇支付股息，這一點都是不變的。買回庫藏股與支付股息不同的地方在於，賣出股票的股東與續抱股票的股東所承受的成本會有所不同。

以情境 A 為例，股票的交易價格是 200 美元，是公平價值的兩倍。在這個情況下，賣方會從每股超過公平價格的 100 美元中受益，而且續抱股票的股東價值會從每股 100 美元下降至每股 89

表11.2　賣出股票的股東和續抱股票的股東在不同情境下的費用

假設	基準	情境A：假設以200美元買回庫藏股	情境B：假設以50美元買回庫藏股	假設	情境C：假設發放股利20美元
買回庫藏股總額		$20,000	$20,000	發放股利總額	$20,000
公司市值	$100,000	$80,000	$80,000	公司市值	$80,000
流通在外股數	1,000	1,000	1,000	流通在外股數	1,000
目前股價	$100	$200	$50	目前股價	$100
買回庫藏股後的股數		900	600		
每股市值	$100	$88.89	$133.33	每股市值	$80.00
				每股股利	$20.00
賣出股票的股東持股數量		100	400		
股價		$200	$50		
對賣出股東的價值		$20,000	$20,000		
續抱股票的股東持股數量		900	600	續抱股票的股東	$80,000
股價		$88.89	$133.33	股利	$20,000
對續抱股東的價值		$80,000	$80,000		
總市值		$100,000	$100,000	總市值	$100,000
賣出股票股東的股價增減		$100.00	($50.00)		
續抱股票股東的股價增減		($11.11)	$33.33		

美元（$89 = $80,000/900）。財富會從續抱股票的股東轉移給賣出股票的股東。

在情境 B 中，股票的交易價格是 50 美元，是公平價值的一半。在這種情況下，賣出股票的股東得到公平價值的一半，而且續抱股票的股東價值從每股 100 美元增加至 133 美元（$133 = $80,000/600）。財富從賣出股票的股東轉移至續抱股票的股東。

在情境 C 中，這家公司支付股息，所有股東都被平等對待，除了他們欠稅的潛在差異之外。

這個簡單的例子還強調了一個重要觀點：如果你擁有一家正在買回庫藏股的公司的股票，即使你選擇什麼都不做，也相當於你做了一些事情。這「事情」就是你的公司持股比例會隨著庫藏股的買回而增加。你可以透過按買回庫藏股計畫的比例出售部分股票，從而產生一個「合成股利」，這樣你既能獲得現金，同時也保持原有的持股比例不變。

四個常見動機

我們現在來檢視公司提出的四個主要買回股票的理由。特別是，我們希望區分有利於續抱股東的決策與那些無益甚至可能損害續抱股東利益的決策。我們正在以黃金法則為指引,尋找有利的訊號,並且當管理階層的決策明顯違反黃金法則時,我們會解釋其背後的理由。

▌1. 向市場發出股價被低估的訊號

公司最常提到的買回庫藏股的理由,是股票被低估了。[12] 在接受管理階層對表面價值的評估之前,你應該考慮許多因素。

首先,公司可以宣布買回庫藏股,但未必實際執行。雖然在美國,庫藏股的執行率通常超過 75%,但在美國以外的國家,執行率要低得多。[13] 如果一家公司宣布買回庫藏股,但之後發現內部有吸引力的投資機會,那麼不執行買回庫藏股計畫是合理的。但是公司可能會藉由宣告一個不打算完全執行的計畫來發出股價便宜的訊號。投資人應該要留意,宣布計畫和實際執行計畫是有區別的。

公司還可以透過選擇不同的買回方式來傳達買回庫藏股訊號的強度。公開市場購買股票是目前最常用的方法,這是指公司像其他投資人一樣在公開市場上購回自己的股票。公開市場購買雖然具有法律上的限制,比如每天能購買的股票數量有限,但這種方式提供了最大的靈活性。[14] 另一方面，公開市場買進所傳達的管理階層信念訊號最弱，尤其是當買進的目的只是要抵銷股票紅利造成的股權稀釋的時候。

在荷蘭式拍賣（Dutch auction）中，管理階層會決定他們願意買回的股票數量、到期時間，以及價格範圍（通常比市價高）。股東也許會在這個範圍內拿出股票拍賣。從這個範圍的底價開始，公司會累積完成該計畫所需的股票數量，所有在結算價以下的股東都可以按照結算價出售股票。

舉例來說，微軟在 2006 年 7 月宣布以荷蘭式拍賣收購價值 200 億美元的股票。[15] 股票交易價格是 22.85 美元，買回價格區間在 22.50 美元到 24.75 美元之間。荷蘭式拍賣通常是強烈的訊號，微軟股價在宣布的隔天上漲 4.5%。

固定價格收購要約出現時，通常是管理層提議在某個到期日前以固定價格買回一定數量的股票。這個價格通常會比市價有顯著的溢價，公司一般會買回相當大比例的流通股。股東可以選擇是否出售。固定價格收購要約相對少見，但過去這種要約往往能給市場發出強烈而正面的信號，尤其當買回計畫是以債務融資時。[16]

買回庫藏股時的環境也會影響訊號的解釋。特別是，有幾個因素會顯示出管理階層對於股票被低估的信念大小。[17] 首先是計畫的規模。在其他條件都相同下，公司要收回的股票流通量比例愈高，管理階層的信念就愈大。其次是相較於市價的溢價。可觀的溢價反映一種信念，那就是預期太低，以及願意根據這樣的信念採取行動。

內部管理階層的股權比例較高時，經理人和股東的經濟利益更能達到一致。因此，擁有較多股權的經理人更有可能將資金投入到創造價值的項目，而不是單純擴大公司的規模。相關情形是，如果經理人在買回庫藏股計畫中沒有出售任何股份，這會增加他們對公司成功的個人賭注，並向市場傳達一個正面的訊息。

你必須判對管理階層的決策過程是否包含價格隱含的預期，以確定管理階層正在發出一個可能性很高的股價低估訊號。實際上，很少有人會這麼做。就像我們會看到，與創造價值無關的因素有時會促成買回庫藏股的行為。

▌ 2. 管理每股盈餘

當管理階層宣布買回庫藏股，目的是管理每股盈餘時，這與買回庫藏股的黃金法則可能會產生衝突。每股盈餘往往無法正確反映公司價值，因為它們並未考慮資金成本，且可以根據不同的會計方法來計算（見第一章）。事實上，研究顯示，單純透過買回庫藏股來增加每股盈餘，並不會為股東創造真正的價值。[18]

然而，許多管理團隊仍然專注於追求增加短期每股盈餘，甚至不惜以犧牲股東價值為代價。[19] 為什麼呢？首先，它們相信投資界會不加批判地以當前本益比來決定公司價值，這個看法是有問題的，尤其在市場隱含長期現金流量的預期這個有說服力的證據下。其次，許多高階經理人的股權激勵制度有部分還是會與盈餘目標掛勾。雖然股權激勵制度在薪資激勵計畫中占據主導地位，但是經理人有時會試圖為了贏得短期盈餘的賽局，放棄在長期創造價值。

買回庫藏股會以兩種方式來促成盈餘的管理。第一，有些買回庫藏股計畫想要抵銷股權激勵制度稀釋的每股盈餘。在這種情況下，公司的目標是買回足夠的股份來保持在外流通股數固定。研究顯示，近年來超過三分之一的買回計劃已經抵銷了股權激勵稀釋帶來的影響。[20]

這種買回庫藏股計畫的動機沒有可靠的財務基礎。如果公司的股價高於預期價值，或是如果在這項事業中有更好的投資機會存在，顯然有違反買回庫藏股黃金法則的風險。買回股票來抵銷股權激勵制度稀釋效果的公司，也許不知不覺中會使續抱股票的股東所持有的股票價值降低。

公司也可以把買回庫藏股視為增加每股盈餘的第二種方式。每次一家公司宣布引人注目的庫藏股計畫時，《華爾街日報》等媒體幾乎都會刻板地重複提到這種想像的好處。這裡有個經典的名言：「買回庫藏股會使公司的股票數量減少、將獲利分攤給數量更少的股票上，因此，公司財報的每股盈餘增加比例會比單獨的獲利表現所顯示的每股盈餘增加比例還大。」[21] 這種說法即使是在數學上都不正確，更更遑論在經濟上是否合理了。

買回庫藏股是否會增減每股盈餘，這是本益比倍數，以及公司以稅後利息收入或稅後新債務的成本來買回庫藏股的函數。更具體來說，當本益比的倒數（1/ 本益比＝益本比）比稅後利率還高時，買回庫藏股會使每股盈餘增加。當益本比低於稅後利率時，買回庫藏股會使每股盈餘減少。只根據每股盈餘的立即變動來判斷投資的好壞，無論是買回庫藏股還是其他投資，都是錯誤的。

舉個例子。假設三家公司（A、B、C）的現金餘額一樣是100 美元，營業利益、稅率、在外流通股數和每股盈餘都相同，只有股價不同（表 11.3）。

表 11.3 買回庫藏股前的公司比較

	A 公司	B 公司	C 公司
營業利益	$95	$95	$95
利息所得（每 $100 利息 5%）	$5	$5	$5
稅前所得	$100	$100	$100
稅率（20%）	$20	$20	$20
淨利	$80	$80	$80
流通在外股數	80	80	80
每股盈餘	**$1.00**	**$1.00**	**$1.00**
股價	$10.00	$25.00	$50.00
本益比	10.0	25.0	50.0
益本比	10.0%	4.0%	2.0%
稅後利率	4.0%	4.0%	4.0%

我們假設每家公司用 100 美元的現金餘額來買回股票。[22] A、
B、C 公司分別能夠買進 10 股、4 股和 2 股。對 A 公司而言，益
本比比稅後利率高，對 B 公司而言，益本比跟稅後利率相等，C
公司則是益本比比稅後利率還低。

因此我們看到 A 公司的每股盈餘增加，B 公司的每股盈餘不
變，而 C 公司的每股盈餘下降。（表 11.4）請注意，每股盈餘的
改變與股價和預期價值之間的關係完全獨立。買回被高估的股票
會增加每股盈餘，同時使持股續抱的股東價值減少，而買回低估
的股票會使每股盈餘減少，同時使持股續抱的股東價值增加。

表 11.4 買回庫藏股後的公司比較

	A 公司	B 公司	C 公司
營業利益	$95	$95	$95
利息所得（每 $100 利息 5%）	$0	$0	$0
稅前所得	$95	$95	$95
稅率（20%）	$19	$19	$19
淨利	$76	$76	$76
流通在外股數	70	76	78
每股盈餘	**$1.09**	**$1.00**	**$0.97**

　　每股盈餘的增加或稀釋，與買回庫藏股是否有經濟意義無關。這是真的，因為本益比和利息所得（或費用）之間的關係會決定每股盈餘的增加或稀釋，而股價和預期價值之間的關係則會決定買回庫藏股的經濟利益。

　　買回高估的股票，或是因為對每股盈餘的不利影響而避免買回價值低估的股票，都是對股東不利的決策。同樣地，認為買回高本益比股票絕對是壞事，或是認為買回低本益比股票絕對是好事是違反經濟推論的。預期投資法的投資人應該要持續關注股票價格與預期價值間的差距，而且應該要警惕主要或只是為了提高每股盈餘而買回股票的公司。

▌3. 有效地把現金還給股東

當公司想要將現金返還給股東時，可以選擇發放股息或買回股票。選擇哪種方式更合理，取決於稅負影響、股價與預期價值之間的關係等多種因素。

美國付股息的公司比例趨勢看起來就像在坐雲霄飛車。在1970年代末期，有超過70％的上市公司付股息。到了2000年，這個數字下降到大約23％，只有在2018年反彈到36％。[23] 解釋這個趨勢的因素包括公司特徵的改變、還給股東現金的偏好，以及用買回庫藏股取代股利。在2000年網路泡沫高峰前的20年裡，上市公司的數量增加，這些公司有很多是年輕的公司，沒有獲利，而且把現金還給股東的能力有限。2000年以來，上市公司的數量減少，而且今天上市公司的平均壽命更大。這些比較老的公司一般會致力於把現金還給股東，但是有部分公司會用買回庫藏股來取代股息的發放。這就解釋為什麼股息數字沒有回到1970年代的水準。

由於稅負的作用與對續抱股票的股東有利或不利的影響，預期投資法的投資人應該要關心公司如何把現金還給股東。

我們先來看稅負的影響。與發放股息相比，買回庫藏股是把現金還給應繳稅投資人最有效的工具，因為它有遞延繳稅的能力。股東可以選擇保留股票，而不是賣掉股票，並延遲到賣出股票時才繳稅。此外，股東只要為了資本利得繳稅。因此，買回庫藏股比發放股息更有利，因為承擔稅負的時間可以自由決定，而且繳稅的金額較低。[24]

　　儘管買回庫藏股相對有稅負效率，但是預期投資法的投資人必須牢記買回庫藏股的黃金法則。當股票價格超過預期價值時，買回庫藏股會把價值從續抱股票的股東轉移給賣出股票的股東。而且即使買回庫藏股比發放股息更有稅負效率，你始終應該去問問自己，是否有比把現金投資在這家企業上更好的選項。

▌ 4. 增加財務槓桿

　　買回庫藏股是低財務槓桿公司提高負債權益比最有效的方式之一。預期投資法的投資人應該關注這樣的發展，因為資本結構的重大變化可能會對股東價值產生影響。適當的財務槓桿水平能夠在享受利息支出帶來的稅盾利益與承擔財務困境風險之間取得平衡。

　　對於有獲利的公司來說，利息支出可以抵稅，因此創造一個寶貴的稅盾。在假設資本結構的永久改變是合理的情況下，你可以通過將節省的稅負資本化來估算稅盾的價值。只需將稅負節省額（利息支出乘以邊際稅率）除以稅前債務成本即可計算出稅盾的價值。[25]

在某個時點，財務困境的風險會超過債務的報酬。一家槓桿太高的公司也許無法履行合約承諾。財務困境很麻煩，會涉及大量的直接成本（像是法律和行政的破產費用）與間接成本（像是客戶和供應商的損失）。買回庫藏股來增加財務槓桿可能會導致股東價值合法的增加，儘管這通常是一次性的。但是不要忽視股票價格和預期價值之間的關係。一家股價高於預期價值的公司可能會找到比透過買回庫藏股成本更低的方法來增加財務槓桿。

預期投資法的投資人會一直快速注意到潛在預期修正的訊號。買回庫藏股提供這類訊號的主要來源。但是你必須謹慎的評估庫藏股的買回，因為很多公司會以無法在經濟審查上站得住腳的理由來買回股票。在評估買回庫藏股公告的好處上，買回庫藏股的黃金法則是最可考的指南。

重點整理

● 自 2000 年以來，買回庫藏股已經超越配發股息，成為美國公司將現金還給股東最流行的方法。

● 買回庫藏股可能是一個重要的訊號，說明投資人需要修改公司的經營價值驅動因子。

● 你可能要仰賴以下的黃金法則來衡量所有買回庫藏股的公告：**一家公司只有在股價低於預期價值，而且沒有更好的投資機會時，才應該買回庫藏股。**

● 公司為了買回股票所提出的四個主要理由：

　1. 向市場發出股票被低估的訊號

　2. 管理每股盈餘

　3. 有效地把現金還給股東

　4. 增加財務槓桿

● 投資人應謹慎評估管理階層買回庫藏股的動機，因為這些動機往往服務於賣出股票的股東，而非續抱股東。

第十二章

把握投資機會

前幾章提供預期投資法所需的工具,顯示執行這個流程的方法,並提供架構來評估管理階層主要的資金分配決策。你已經擁有尋找預期錯配(expectation mismatch)情況所需的基礎,預期錯配就是超額報酬的來源。

數十年來,我們向高階經理人、投資人及學生展示這些概念時,也逐漸形成了一套對預期機會來源的理解。以下有八個案例,展示預期投資法如何提升獲得可獲利見解的可能性。

1. 用機率來看待機會、回饋與提示

預期投資法是指引你去尋找價格和預期價值間差距的流程。

思慮縝密的預期價值分析需要很好地投入要素，也就是各種價值觸發因素（一般是銷售成長）導致的情境所發生的機率，以及你可以使用預期的基礎架構來計算的結果。

當你認為市場無法辨識結果，或認為情況發生的機率過高或過低，那就會產生預期調整的機會。你可以藉由適當的工具和回饋來培養考量結果和機率的技巧。

過度精確是設定情境與它們發生機率常見的錯誤，這是指過度自信地認為自己知道未來如何開展。我們在第六章討論到這點。市場也可能無法時常反映特定結果的正確機率。你的目標是提出會正確修正情境的機率。這樣做可以創造機會去透過回饋來學習，並提供一個自然的提示去重新審視預期。

心理學家蓋瑞‧克萊恩（Gary Klein）提出事前驗屍法（premortem）的構想。[1] 大多數人都很熟悉事後驗屍法，你可以從過去的錯誤中學習，以便在現在做出更好的決策。事前驗屍法把你帶到未來，並促使你思考目前決策可能出錯的原因。

舉例來說，一家考慮併購的公司可以召集一群資深領導人，假設他們會繼續這筆交易，然後讓每個人獨立寫一篇一年後的報導，解釋為什麼這筆交易會失敗。事前驗屍法的威力在於，他以開放的心態來看各種結果，來對抗過度精確的問題。

在考慮各種情境的可能性時，必須指定各種機率，而不是使用文字描述。舉例來說，與其說：「明年的銷售成長確實有可能超過 10％。」你應該說：「有 70％ 的機率明年銷售成長會超過 10％。」使用機率來代替文字描述有幾個好處：

首先，人們對於常用的文字或詞語會指定不同的機率。[2] 例如，當數千人被要求為「確實有可能」賦予一個數字機率時，他們的回答範圍介於 25％ 到 85％ 之間。

含糊的措辭在與他人溝通時可能帶來問題，而且無論發生什麼情況，都會為你提供心理掩護。假如明年的銷售成長超過 10％，你可以說：「我告訴過你，這確實有可能。」如果結果不如預期，你也可以說：「我告訴你這只是一種可能性而已。」

追蹤機率的預測和相關的結果也可以提供準確的回饋。身為積極投資人，想要成功，最終就是要賺到超額報酬。但股價變動通常充滿噪音，把投資的案例分解為機率和結果，可以讓你為你的評估評分。

目標是盡可能校正。校正衡量的是你指定的機率和實際結果間的差距。如果某人經過完美校正後表示某事件發生的機率為 70％，那麼在十次中該事件應該發生七次。研究顯示，追蹤這些機率和結果可以提供有價值的回饋，讓預測者隨著時間進行更好的校正。[3]

「預期錯配」是指價格與預期價值之間的差距，這是買賣股票的決策基礎。當你的分析顯示公司前景中的某些信息未體現在股價中，這樣的不同看法正是根據你開發的機率和結果而得出的。

如果你的理論如預期發展，你應該會遇到某些路標，來確認你正走在正確的路上。例如，如果你相信銷售成長超過 10% 的機率為 70%，那麼這個成長率應該以這樣的頻率發生，這表明你的理論是正確的。

如果結果與預期不符，這些路標也會提供明確的提示，讓你重新審視自己的理論。回想一下，撤出部位的一個理由是否在於你的分析失準，這是有可能發生的事。關鍵在於誠實面對這個情況，並將時間分配給更有潛力的機會。

2. 評估總體經濟的衝擊

賓州大學心理學教授菲利浦．泰特洛克（Philip Tetlock）追蹤上千位預測政治、社會和經濟表現的專家，並在《專業政治判斷》（*Expert Political Judgment*）中把這些內容寫下來。[4] 泰特洛克發現，這些專家的預測與隨機猜測的結果相差無幾，甚至只比偶爾掌握情況的非專家稍微準確一點。他也發現，專家們的信心超出他們的能力。

使用預期投資法流程的投資人意識到，他們不太可能比專家做出更好的預測。因此，他們願意以開放的態度考量各種由總體經濟衝擊驅動的結果。這包括石油等關鍵大宗商品價格的急遽變化、颶風和地震等自然災害、通貨膨脹、地緣政治動盪，以及中央銀行政策的改變。

我們在第四章介紹產業地圖，提供預期投資法投資人了解產業動態，以及評估目前和未來獲利能力的方法。你可以使用這張地圖來衡量一項經濟衝擊對經濟、產業及公司帶來的影響。蒙地卡羅法（Monte Carlo methods）則可以用來模擬多種可能結果，是考量經濟衝擊影響的有效工具。

使用第三章描述的預期的基礎架構來評估總體變化如何影響三個價值觸發因素：銷售、營運成本和投資。然後仔細考量這些觸發因素會如何塑造六個價值構成因子：數量、價格與產品組合、營業槓桿、規模經濟、成本效率與投資效率。價值構成因子最終會導致經營價值驅動因子（銷售成長、營業利益率和投資增加率），讓你去評估預期。

新冠疫病在 2020 年席捲全球，是總體衝擊如何影響市場的絕佳範例。研究人員檢視市場在三個早期階段對疫病大流行的反應，從 2020 年初到 1 月 17 日是第一階段。接著是爆發階段，從 1 月 20 日到 2 月 21 日。最後階段的疾病高潮從 2 月 24 日持續到 3 月 20 日，並以那年的股市低點結束。[5]

食品產業、食品與藥品零售業的股票在潛伏期和爆發期表現不佳，但隨著市場修正預期，承認疫情的嚴重性，這些股票在疫情高潮期表現出色。而飯店、餐飲與觀光類股在早期表現相對普通，但隨著市場反映疫情的災難性影響，股價急遽下跌。所有的報酬都根據風險做出調整。

研究人員還發現，高負債公司的股票在疾病高潮期間的報酬比低負債公司的股票更差。飯店和航空業等固定成本較高的企業也往往有高於平均水準的財務槓桿。其中許多公司面臨生存威脅。另一方面，擁有大量現金餘額的公司，股票表現比較好，因為他們有能力度過難關。

沒有人知道未來會怎樣，但是預期投資法流程提供必要的工具，讓你考量各種總體經濟衝擊的影響。

3. 評估資深管理階層的變化

管理階層的改變，尤其是在股價表現不佳之後，往往是重新檢視市場預期的好時機。[6] 當然，管理階層的改變可能是好事、壞事，或是沒什麼差別。然而，這樣的變動提供了重新評估公司運營表現、策略定位以及資本配置政策的契機，進而發掘潛在的預期修正機會。

一家私募股權公司的創辦人威廉·索恩戴克（Will Thorndike）在《為股東創造財富》（*The Outsiders*）中，講述八位在任期內創造出色股東總報酬率的執行長的故事。[7] 這些執行長接手時，市場對他們的期望普遍偏低。他們的共同特點包括強調資本配置、獨立思考，並且專注於創造長期價值。此外，他們往往具有出色的分析能力，並且在媒體面前保持相對低調。這些特徵提醒我們，在評估新管理團隊時，應該留意能夠重新設定市場預期的潛在變化。

在經歷業務表現疲軟或是繁榮期之後，領導階層的交接尤其值得關注。例如，大衛·柯特（David Cote）於 2002 年 2 月接管工業集團 Honeywell。Honeywell 曾在 2000 年末以每股 55 美元的價格與奇異（General Electric）達成收購協議，但這項交易於

2001 年 7 月因監管問題而取消。隨後的經濟衰退使 Honeywell 的股價在柯特接任時跌至每股 35 美元。柯特的運營、戰略和財務改革措施使得公司的營業利潤率提升了 700 個基點,並且在他 15 年的任期內,Honeywell 的股票表現遠超標準普爾 500 指數。[8]

高層管理權的交接也是重新審視市場預期的一個契機。[9] 當傑克·威爾許(Jack Welch)於 1981 年成為奇異的執行長時,該公司的股價在過去十年中下跌了四分之一。他迅速進行業務組合調整和成本削減,並讓公司以季度盈餘超出華爾街預測而聞名,儘管這往往是藉由會計手段達成的。威爾許的接班人傑夫·伊梅特(Jeff Immelt)於 2001 年 9 月接任。在威爾許的任期內,奇異的股票回報率幾乎是標普 500 的四倍,這讓伊梅特的接任時市場預期極高。

然而,高預期與糟糕的資本配置相結合,導致在伊梅特任內,奇異的股東總報酬率僅有 8%,而同期標普 500 指數的總報酬率則高達 214%。

利用高階經理人的過往表現來預測其在新角色中的表現,可能充滿挑戰。哈佛商學院組織行為學教授鮑瑞斯·葛羅伊斯堡(Boris Groysberg)研究了明星經理人轉投新公司的表現。奇異離職高階經理人的表現提供了充滿啟示的案例。[10] 奇異以其位於紐約克羅頓維爾的高階管理人員發展中心著名，該中心為最具才華的經理人提供一流的培訓。葛羅伊斯堡和他的研究團隊檢視了到2001 年結束的 12 年內，從奇異離職並加入其他公司擔任執行長或董事長的二十位高階經理人。他們發現，加入與奇異業務相似公司的經理人，通常能夠順利轉移技能，並取得不錯的成績；而那些加入與奇異業務相異公司的經理人，則常常陷入困境。儘管奇異在管理人才培養上享有盛名，但技能錯配往往妨礙這些經理人在新公司中的成功。

4. 判斷股票分割、發放股利、買回庫藏股和發行股票

2020 年夏天，蘋果公司（1 股分割為 4 股）和特斯拉（1 股分割為 5 股）這兩家備受矚目的公司公布要分割股票，兩檔股票立即大漲。然而，如果市場能夠進行簡單的數學計算，這種漲幅其實沒有道理，因為股票分割僅僅是將股東的價值除以更多在外流通的股票。就像一片披薩被切成八塊並不會比切成四塊的量更多一樣，分割股票並不會增加實質的股東價值。

近期的研究顯示，儘管股票分割確實能夠帶來超額股東報

酬，但這種效應通常只是短暫的。[11] 有幾種理論可以解釋為何會如此。首先，股票分割可以被視為董事會對公司未來充滿信心的訊號，這與本節提到的概念相符。另一個理論則認為，股票分割能增加股票的流動性。流動性不佳的股票需要提供更高的預期報酬來補償持有者，因此當流動性增加時，這種溢價會下降，進而增加股票的價值。[12] 不過，我們不建議將股票分割視為尋找可觀預期差距的主要來源。

至於股利發放和買回庫藏股，從稅負、時機、股東再投資和股價等嚴格條件下來看，這兩者應該產生相同的效果。不同之處在於高階管理層對股利和買回庫藏股的態度。管理層通常認為，維持股利發放和資本支出同樣重要，而買回庫藏股則常被視為在資金充裕且所有適當的投資都已經進行後的資金配置手段。[13] 數據顯示，股利發放的總額通常較為穩定，而買回庫藏股則呈現波動的模式。

發放股利還可以為預期投資法的投資人提供一定的訊號。第一個訊號是，股利的變動與未來獲利能力呈正相關。[14] 這是合理的，因為如果董事會視股利發放為一項準契約，那麼只有在對未來現金流量充滿信心時，才會做出這樣的承諾。然而，這個訊號的證據還是混合的。

發放股利也可能提供跟未來現金流量波動相關的訊號。[15]通常，股利的啟動或增加會預示著現金流波動的減少，而股利減少則往往意味著波動性的增加。波動性的變動會影響資金成本，從而影響股價。雖然學術研究確實記錄下這些來自股利的這些訊號，但它們通常不足以強烈到導致顯著的預期修正或刺激市場反應。

同時，買回股票和發行新股也為投資者提供了重新審視預期的理由。我們在第十一章中提到，買回低估的股票可以為現有股東增加價值。而第十章則強調，通過發行股票來進行併購的公司，平均表現往往不如以現金進行併購的公司。

退一步來說，學術研究顯示，發行新股往往與隨後較差的股東總報酬有關，而買回股票則往往帶來高於平均的報酬。[16]可以從這種模式中獲益，儘管這些高層次的結論並不能總是在任何特定公司上應用。

實際上，來自資金配置的研究有個更廣泛的結論是，高資產成長率是預測未來低異常報酬的一個強力指標，反之亦然。[17]這是合情合理的，因為很難想像一家公司能夠在投入大量資本進行資產成長時，獲得遠高於資本成本的報酬。就像基金經理人在管理規模擴大的投資組合時，很難找到具吸引力的股票一樣，高階管理層也難以有效配置大量資金。

5. 估計訴訟的影響

公司行為有時會引發訴訟。一些備受關注的案例包括：2010年深水地平線漏油事件後，英國石油公司（BP plc）面臨的法律責任；德國汽車製造商福斯汽車（Volkswagen）因虛報低排放數據而被揭露造假；以及美國能源公司安隆（Enron）在破產前欺騙股東的案件。

研究顯示，被起訴的公司股價會出現負面反應。[18] 市值下降可能來自幾個來源。首先，敗訴可能會帶來巨額罰款。以英國石油為例，它最終支付了約 200 億美元來解決相關訴訟，這筆金額甚至超過了罰款和清理費用的總額。[19] 不過，值得注意的是，最終被告公司很少支付原告所要求的全部金額，而且許多公司都有保險來分擔部分成本。

在計算股東價值時，必須把這些罰款增加的負債從公司價值中扣除。在某些情況下，它們可能會導致公司破產。舉例來說，鴉片類藥物羥考酮（OxyContin）的製造商普度製藥（Purdue Pharma）在與各州達成數十億美元的和解之後申請破產，這些州指控公司在鴉片成癮危機上發揮關鍵作用。

股價表現不佳也可能來自未來的現金流量下降，特別是如果引發訴訟的行為導致聲譽受損。舉例來說，福斯汽車在排氣檢測造假被揭露後，有一段時間被禁止在美國銷售柴油車。

根據法律分析，預期投資法的投資人可能會認為市場對訴訟成本的預估過高或過低。將這些法律分析融入預期投資法的流程，可以幫助投資人更有自信地評估投資機會。

6. 捕捉外部變化：補貼、關稅、配額和法規

公司會採取各種策略來追求競爭優勢，這些優勢包括以低於競爭對手的成本製造產品或服務，或以高於市場平均的價格銷售產品或服務。然而，政府的干預，如補貼、關稅、配額和法規，也可能會影響這些優勢的轉移。這些干預措施已經成為商業環境中的一部分。以美國為例，聯邦法規的法條超過 18 萬頁。[20] 因此，監管機構的干預變化，可能會重新塑造市場預期。

一個恰當的例子是政府威脅對某個特定的進口產品徵收關稅。從 2017 年到 2020 年間，美國威脅對中國、加拿大、墨西哥和法國的商品徵收關稅。在這些情況中，很多目標國家也回以課徵關稅來報復，使貿易受到阻礙。舉例來說，在 2019 年 12 月初，美國宣布對從巴西和阿根廷進口的鋼鐵和鋁課徵關稅，這讓

市場很意外，而且導致美國鋼鐵生產商的股價大幅上漲。

2020 年 11 月，加州的選民對第 22 號提案（Proposition 22）進行公投。通過這項提案，允許運輸公司和快遞公司可以繼續把駕駛歸類為獨立的承包商。否決這項提案意味著這些公司必須雇用這些駕駛，把他們視為正式員工，這會大大增加成本。契約工比正式員工有更多彈性，包括可以選擇想要服務的公司，以及必須工作的時數。在第 22 號提案通過的消息傳出之後，Uber 和 Lyft 等大型運輸與快遞公司的股票大幅上漲。

對一個產業進行管制可以使較大的既有企業受益，因為遵守法規的成本會成為進入市場的障礙。以歐盟為了保護數據和隱私權而採用的法規為例，這項法規稱為一般資料保護法規（General Data Protection Regulation, GDPR），在 2018 年 5 月開始實施。

歐盟和美國公司遵守法規的成本估計超過 2800 億美元。雖然法規的目的是要限制 Google 的母公司 Alphabet Inc. 等科技巨頭的權力，但是很多比較小的公司缺少滿足一般資料保護法規所要求的資源。結果，Google 在競爭對手被犧牲的情況下，反而擴大市場份額。[21]

政府干預與總體經濟衝擊一樣可能很難去預測。然而，投資人以將這些干預措施納入情境分析中，利用預期投資法的基礎架構來量化其對股東價值的潛在影響。

7. 衡量賣出資產的影響

公司試圖創造價值的另一種方法是出售資產，包括出售部門與分拆。常見的資產出售動機包括當一家公司認為將一項資產交給另一個人擁有時，會產生更高的價值，或出售資產能讓母公司專注於其核心業務。

研究顯示，對大多數公司而言，相對比例較小的資產創造大部分的價值。[22] 精明的資金配置者知道，無法與資金成本打平的企業或資產，對策略買家或財務買家而言可能更有價值。

當一家公司把低報酬的事業切開，而且收到比在公司內經營時更多的價值時，就是用減法來達到價值增加的效果。這家公司在規模減少的同時，增加了價值。

第十章提到，收購公司很難在併購中創造價值，因為它們承諾的溢價往往比想要實現的綜效來得高。併購會在整體上創造價值，但是常常會看到財富從收購公司的股東轉移給出售公司的股東。換句話說，身為賣方公司比身為買方公司還好。

大多數公司的高階經理人都有想要成長的動機，因此不願縮減業務。而且有時會因為公司的業績不佳或財務狀況不穩定而被迫出售資產。。不過，針對企業資產出售的研究結論顯示，這樣的行為平均來說會增加公司價值。[23] 分析還顯示，當一家公司按比例並以免稅為基礎把百分之百持有的子公司股份平均分給股東，也就是進行分拆時，對分拆出來的企業與母公司都會創造價值。

當一位擅長資本配置的執行長接手一家擁有表現不佳資產的公司時，通過資產出售創造價值的機會就變得很大。這樣的組合為潛在的預期修正創造了成熟的條件。

8. 應對極端的股價波動

有時你可能會看到自己持有的股票出現大幅的虧損或獲利，這些波動可能是因為營收公布所引起，真正的新聞常藏在前瞻性指引之中，或者是某些重大的驚人消息，例如關鍵高層經理人的辭職。

這類的大幅波動經常會引發強烈的情緒反應。如果你持有一家股票，看到股價暴跌，你可能會感到沮喪、失望，甚至覺得被誤導。決策研究告訴我們，在情緒激動時，很難做出理性決定。

因此，在這種情況下，很難堅持預期投資法的紀律。

這時候，檢查表可以幫助你做出更好的決策。有兩種類型的檢查表。第一種是在完成一系列任務後，停下來確認是否已經徹底完成。這就像飛機飛行員在起飛前進行的檢查，這類檢查表有助於預期投資法的正常流程。

第二種檢查表則適用於緊急或壓力情況。這種檢查表提供明確的步驟指引，比如當飛行過程中發生引擎故障時，飛行員會參照這樣的檢查表。我們希望創建的是在股價大幅波動後，幫助我們做出理性決策的檢查表。

就從股價下跌開始。我們檢視超過 25 年的 5400 個公司股票在一天內相對於標準普爾 500 指數下跌 10 個百分點的案例。我們將這些股價下跌分為盈餘事件與非盈餘事件。[24] 然後我們衡量下跌前的三個要素：動能、估計市值與品質。[25] 增加更多要素會使參考類型的樣本規模減少，但是會增加觀測值間的相似性。最後，我們計算之後 30、60 和 90 個交易日後的平均超額報酬。

我們對超過 25 年來 6800 個單日相對上漲 10 個百分點以上的案例進行類似的分析，處理獲利比虧損更為棘手，因為我們必須消除因為併購而導致的上漲。[26] 對於股價下跌和股價上漲，動能不佳但估計市值有吸引力的買進訊號更為常見，而且對有正向動能，而且估計市值反應出高預期的股票，賣出訊號更為常見。

也就是說，這類分析為適當類別的平均報酬提供了初步的預設。平均報酬只能講述部分故事，因為每個類別內的報酬分布不同，這意味著某些情況下的超額報酬可能與平均情況不同。但是，基準率有助於量化結果發生的機率，並為是否應該買進、賣出或持有股票提供指引。

重點整理

- 你必須準備好去因應總體經濟衝擊與其他外部變化，例如補貼、關稅或法規。預期的基礎架構有助於引導這樣的分析。你可以使用基準率來評估股價的大幅波動。

- 股票分割、股息政策的改變與股票發行或買回庫藏股等事件的公告，能提供應該修正預期的訊號。

- 管理階層的改變可能會是預期修正的重要催化劑，尤其是如果新領導階層專注在價值創造，而不只是專注在成長上的時候。

致謝

我們很感激摩根士丹利投資公司協成環球團隊（Counterpoint Global）為整個計畫提供資源和鼓勵。特別要感謝丹尼斯・林奇（Dennis Lynch）和克里斯帝安・修（Kristian Heugh）。湯瑪斯・康梅（Thomas Kamei）為其中一個案例研究提供寶貴的意見，奈特・金泰爾（Nate Gentile）在實習期間對達美樂披薩的案例研究進行的策略與財務分析也很有用處。

協成環球團隊的同事丹・卡拉漢（Dan Callahan）為本書很多部分做出巨大的貢獻，包括財務分析、圖型和表格的繪製，以及細心的編輯。丹擅長協作、反應靈敏，而且很勤奮。我們很感謝他的努力。

崔恩・葛瑞芬（Tren Griffin）閱讀初稿，並鼓勵我們加強訊息的說服力。

　　身為西北大學凱洛管理學院（Kellogg School of Management）的教職員，拉波帕特非常感謝這個充滿啟發的獨特環境所帶來的效益。而且，因為與小卡爾‧諾貝爾（Carl M. Noble Jr.）在 1979 年創辦阿爾卡集團公司（Alcar Group, Inc.）的關係，他在學習如何將股東價值從理論轉為組織的實際情況發揮重要作用。

　　莫布新 1993 年以來一直在哥倫比亞商學院的兼職教職員，他很感謝學校的教職員和行政人員的支持，特別是海爾布朗葛拉漢與陶德投資中心（Heilbrunn Center for Graham and Dodd Investing），以及多年來許多優秀學生的支持。這個版本的許多修訂都是受到與學生的互動所啟發。

　　書籍的作者很少有機會可以在 20 年後更新版本。雖然我們在這段期間合作很多計畫，但是進行本書第二版的修訂甚至比第一版還有趣。寫作是一個探索與發現的旅程，我們很感謝這趟旅程與學習的機會。

　　我們非常感謝哥倫比亞商學院的出版團隊，特別是協助我們的出版人員邁爾斯‧湯普森（Myles Thompson），他從一開始就對這本書充滿熱情。助理編輯布萊恩‧史密斯（Brian Smith）藉由出版流程堅定而有效的指引我們。知識工廠全球公司

（KnowledgeWorks Global）的班・柯斯塔（Ben Kolstad）是一位出色的編輯與製作夥伴。

多年來，我們從亞斯華斯・達摩德仁的研究成果中欣賞並學到很多東西，而且很高興他同意為這個版本撰寫推薦文。

最後，我們一如既往的得到家人的寶貴支持。阿爾福雷德要感謝妻子雪倫（Sharon）、兒子諾爾特（Nort）與米奇（Mitch），以及孫子伊拉娜（Ilana）與麥克（Mike）。麥可要感謝妻子蜜雪兒（Michelle）、岳母安德列拉・馬洛尼・夏拉（Andrea Maloney Schara）與他出色的小孩安德魯（Andrew）、艾列克斯（Alex）、瑪德琳（Madeline）和派翠克（Patrick）。

各章注釋

第一章　一切從股價開始

1. Warren E. Buffett, "Buy American. I Am." *New York Times*, October 16, 2008, https://www.nytimes.com/2008/10/17/opinion/ 17buffett.html?_r=0.

2. 我們假設投資人已經選擇好投資策略，反應出自己的風險承受度，這些投資策略會決定股票的曝險水準與持股中產業多元配置的程度。

3. Berlinda Liu and Gaurav Sinha, "SPIVA® U.S. Scorecard," *S&P Dow Jones Indices Research*, September 21, 2020.

4. 這個看法稱為專業悖論（the paradox of skill）。參見 Michael J. Mauboussin, *The Success Equation: Untangling Skill and Luck in*

Business, Sports, and Investing (Boston: Harvard Business Review Press, 2012), 53–58.

5. 一般來說，主動型基金經理人賺到的報酬比基準指數還低，主要原因出在收取的費用。參見 William F. Sharpe, "The Arithmetic of Active Management," *Financial Analysts' Journal* 47, no. 1 (January–February 1991): 7–9.

6. John C. Bogle, *Common Sense on Mutual Funds: New Imperatives for the Intelligent Investor* (New York: Wiley, 1999), 92.

7. Ben Johnson and Gabrielle Dibenedetto, "2019 U.S. Fund Fee Study: Marking Nearly Two Decades of Falling Fees," *Morningstar Manager Research*, June 2020.

8. Berkshire Hathaway Annual Report, 2000, 13, https://www.berkshire hathaway.com/letters/2000pdf.pdf.

9. Jack L. Treynor, "Long-Term Investing," *Financial Analysts' Journal* 32, no. 3 (May–June 1976): 56.

10. John Burr Williams, *The Theory of Investment Value* (Cambridge, MA: Harvard University Press, 1938), 186–191.

11. 研究證實，公告的會計方法改變如果會使財報盈餘改變，但現金流量不變時，股價並不會受到影響。

12. Investment Company Institute, *Investment Company Fact Book: A Review of Trends and Activities in the Investment Company Industry*, 61st ed., May, 2021, https://www.ici.org/system/files/2021-05/2021_factbook.pdf.

13. Alfred Rappaport, "CFOs and Strategists: Forging a Common Framework," *Harvard Business Review* 70, no. 3 (May–June 1992): 87.

14. John R. Graham, Campbell R. Harvey, and Shiva Rajgopal, "Value Destruction and Financial Reporting Decisions," *Financial Analysts' Journal* 62, no. 6 (November–December 2006): 27–39.

15. Frank J. Fabozzi, Sergio M. Focardi, and Caroline Jonas, *Equity Valuation: Science, Art, or Craft?* (Charlottesville, VA: CFA Institute Research Foundation, 2017). 基於 2015 年 CFA Institute Study 訪問將近 2000 位受訪者的結果。

第二章　市場如何評價股票？

1. 假設有人提供你一份合約，指定從今天起的一年後你會得到 1 萬美元。你今天應該為這份合約支付多少錢？當然，答案取決於你預期明年可以賺到的報酬率。如果相同風險的投資一年的報酬率是 5%，那麼你付出的金額不應該超過在複利 5%

的情況下，到年底等於 1 萬美元的金額。因為你知道明年的現金流量（1 萬美元）與折現率（5％），你可以很容易的確定現值，或是說你應該支付的最高金額是 9524 美元：

現值 ×（1 ＋報酬率）＝ 未來的價值

現值（1.05）＝ $10,000

現值 ＝ $9,524

2. Neil Barsky, "Empire State Building to Be Sold to a Peter Grace Family Member," *New York Times*, October 31, 1991.

3. John C. Bogle, *John Bogle on Investing: The First 50 Years* (New York: McGraw-Hill, 2000), 53.

4. 為什麼要加回已取得的無形資產攤銷，而不是加回折舊，儘管攤銷和折舊都是非現金費用？折舊反應的是實質資產的磨損，因此被認為是營運費用是很恰當的做法。已取得的無形資產攤銷反應的是不同的會計處理方式。一家公司對取得客戶或建立品牌等無形資產所進行的投資都列為費用，並不是列為資產。只要攤銷已取得的無形資產。這些已取得的無形資產價值也會減損，但是因為一家公司為了補足這些資產所進行的投資被列為費用，我們不想要對這家公司做第二次的懲罰（第一次是透過攤銷，第二次則是透過在無形資產上的投資）。

為什麼要從營業租金費用中加回內含的利息費用？從 2019 年初開始，大多數的公司，不論是根據美國公認會計原則（GAAP）還是國際財務報告準則（IFRS）下的財報，都必須在資產負債表上反映大多數的租金費用。在一般公認會計原則下，整個租金費用，包含內含的利息，仍舊被列為費用。在國際財務報告準則下，租金支出被適當的分配到折舊和利息費用上。為了保持一致性，你必須把內含的利息費用加回營業所得中，以便計算稅後淨營業利益。

5. 你通常可以藉由查看資產負債表上的累計遞延所得稅（遞延所得稅資產與遞延所得稅負債的淨值）變化來估計帳面稅負和現金稅負之間的調整。

6. 請注意，我們並沒有調整營業利益來反應折舊費用，即使它是非現金項目。但是，由於我們從資本支出中扣除折舊，因此現金流量確實是一個「現金」數字。我們能夠藉由把折舊加回到營業利益，並扣除總資本支出，而非扣除投資增加量，來產生相同的自由現金流量。

7. Michael J. Mauboussin and Dan Callahan, "One Job: Expectations and the Role of Intangible Investments," *Consilient Observer:*

Counterpoint Global Insights, September 15, 2020, based on Charles R. Hulten, "Decoding Microsoft: Intangible Capital as a Source of Company Growth," *NBER Working Paper 15799*, March 2010.

8. Michael Bradley and Gregg A. Jarrell, "Expected Inflation and the Constant-Growth Valuation Model," *Journal of Applied Corporate Finance* 20, no. 2 (Spring 2008): 66–78.

9. 舉例來說，對於不太可能持續經營的衰退公司而言，清算價值會是估計公司殘值最好的工具。

10. 這裡說明原因。假設一家公司的股東五年前投資的最初資本是 5000 萬美元。在接下來的五年裡，帳面價值從最初投資的 5000 萬美元成長到 7000 萬美元。然而，同時期的市場價值增加到 1 億美元。假設合理的投資報酬率是 9％。股東是否對 7000 萬美元帳面價值擁有 9％的報酬率感到滿意，或者他們預期在 1 億美元的市場價值上賺到 9％的報酬？投資人很顯然想要得到目前市值的報酬。

11. 並非所有公司會將利息費用從所得稅中扣除。對於銷售金額在 2500 萬美元以上的公司，「2017 年減稅與就業法案」（the Tax Cuts and Jobs Act of 2017）限制到 2021 年的利息扣除金額上限為稅前息前折舊攤銷前獲利的 30％。根據 2017 年的數字，這會影響羅素 3000 指數大約 15%的成分股（不包括金融服務與房地產公司）。從 2022 年起，利息扣除上限為稅前息前盈餘的 30%。根據 2017 年的數字，這會影響羅素 3000 指數成分股 20%的公司（不包括金融服務與房地產公司）。

12. 我們根據資產定價模型（capital asset pricing model, CAPM）來計算權益成本。儘管資產定價模型的有效性反覆受到質疑，但它仍然是最廣泛用來量化風險與報酬間關係的模型。批評者提供證據顯示，除了 beta 值以外的其他因素，像是公司規模、市價對帳面價值比率、獲利能力、資產成長與動能，都有助於我們了解預期的長期投資報酬。然而，沒有理論可以解釋這些結果。此外，還有證據顯示投資人使用資產定價模型。（舉例來說，參見 Jonathan B. Berk and Jules H. van Binsbergen, "How Do Investors Compute the Discount Rate? They Use the CAPM," *Financial Analysts' Journal* 73, no. 2 May 2017: 25–32.）我們承認圍繞著資產定價模型有很激烈的辯論，但不認為使用它成功使用預期投資法流程的核心。

13. 你可以藉由投資在廣泛代表整個股票市場的投資組合，把所有非系統性風險或個別公司的特定風險大幅分散。因此，市場對股票價格的訂價水準只是針對不可分散的市場風險或整體市場變動的系統性風險來獎勵投資人。Beta 值是衡量系統性風險的指標。

14. 這些模型通常假設一系列的現金流量與預測期間，而且使用現行市場價格來算出折現率。有關股息模型與預期報酬的詳細討論，請見 Bradford Cornell, *The Equity Risk Premium* (New York: Wiley, 1999), chap. 3. 對於資金成本更廣泛的討論，請見 Shannon P. Pratt and Roger J. Grabowski, *Cost of Capital: Applications and Examples*, 5th ed. (Hoboken, NJ: Wiley, 2017).

15. Brett C. Olsen, "Firms and the Competitive Advantage Period," *Journal of Investing* 22, no. 4 (Winter 2013): 41–50.

16. Matt Krantz, "15 Companies Stockpile $1 Trillion In Cash (And Investors Want It)," *Investor's Business Daily*, March 3, 2021.

17. John R. Graham and Mark T. Leary, "The Evolution of Corporate Cash," *Review of Financial Studies* 31, no. 11 (November 2018): 4288–4344.

18. 在評估債券或特別股的價值時，請使用市場價值，而不是帳面價值。發行後的利率變化會導致市值與帳面價值背離。舉例來說，如果利率上升，那麼市值會低於帳面價值。如果你使用帳面價值，你就會高估債券和特別股的現值，因此低估股東價值。當利率下降時，情況會正好相反。你可以在《彭博》等財經網站找到公開市場交易的債券和特別股目前的價格。為了估計沒有公開市場交易的債券價值，請按照目前的市場利率對相同風險下債券所支付的利息進行折現。

19. 如果退休基金沒有預先提存資金，資金不足的金額就會顯示在資產負債表的負債上，如果資金過多，則會顯示在資產項目上。

20. 我們以永續並有通膨法計算持續價值（見附錄的公式 2.7），預期的通貨膨脹率為 2%

$$持續價值 = \frac{稅後淨營業利益 \times （1+ 通貨膨脹率）}{稅後淨營業利益 \times （1+ 通貨膨脹率）}$$

$$= \frac{（18.12）\times（1.02）}{0.08 - 0.02} = \$308.04 \text{ million}$$

以 5 年期 8% 的資金成本率將上述的持續價值折現，會得到 2 億 963 萬美元。

21. 永續法的假設並沒有最初顯示的那麼激進，因為隨著現金流量變得更為久遠，它們的現值價值會相應變得更小。舉例來說，以 15% 的折現率來計算 1 美元的永續價值是 \$1.00/0.15 = \$6.67。以下是從 5 年到 25 年間每年 1 美元的年金現值：

年	年金現值	永久價值的比例
5	$3.35	50.2%
10	5.02	75.3
15	5.85	87.7
20	6.26	93.9
25	6.46	96.9

請注意，到了第 10 年，我們已經達到永續價值的 75％，而到了第 15 年則接近 90％。隨著折現率增加，達到永續價值的時間會跟著減少。

22. 如果我們將永續法模型的折現率從名目數字改為實質數字，那麼評估的價值就會等於永續並有通膨模型所產生的評估價值。舉例來說，假設實質的資金成本是 5.88％，預期通膨是 2％，名目資金成本是〔（1 ＋實質資金成本）（1 ＋預期通貨膨脹率〕－ 1。以這個例子來說，就是〔（1 ＋ 0.0588）（1 ＋ 0.02)〕－ 1，也就是 8％。現在假設預測期間最後一年，進行新投資前的現金流量是 1 美元。永續法計算的持續價值是 $1.00/0.08 ＝ $12.50。將永續模型從名目數字改為實質數字，也就是將 1 美元除以 5.88％的實質資金成本，得到 17 美元的持續價值，這與永續並有通膨模型所產生的價值相同。

第三章　預期的基礎架構

1. 公司財報與簡報。舉例來說，請參考 https://corporate.goodyear. com/documents/events-presentations/DB%20Global%20Auto%20 Presentation%202016%20FINAL.pdf.

2. AnnaMaria Andriotis,"Another Challenge for Small Businesses: Higher Card Fees Could Be on the Way," *Wall Street Journal*, April 9, 2020.

3. Gustavo Grullon, Yelena Larkin, and Roni Michaely,"Are US Industries Becoming More Concentrated?"*Review of Finance* 23, no. 4 (July 2019): 697–743.

4. Michael E. Porter, *Competitive Advantage: Creating and Sustaining Superior Performance* (New York: The Free Press, 1985), 70–73.

5. 大衛・貝桑科（David Besanko）向我們提到，規模經濟也可能影響投資。舉例來說，一家製造公司的銷售量隨著時間經過而成長，這家公司可能有能力投資更大、更自動化的工廠，進而減少投資增加率。我們認為投資的規模經濟非常難評估，而且在預期投資法中很少有重要性。因此，我們沒有把它們納入預期的基礎架構中。

6. David Besanko, David Dranove, Mark Shanley, and Scott

Schaefer, *Economics of Strategy*, 7th ed. (Hoboken, NJ: Wiley, 2017), 292–295.

7. "Workday and Chiquita: Managing a Fast-Moving, Global Workforce," https://www.workday.com/content/dam/web/en-us/documents/case-studies/workday-chiquita-case-study-drove-down-costs.pdf.

8. Greg Ip, "Bringing the iPhone Assembly to the U.S. Would Be a Hollow Victory for Trump," *Wall Street Journal*, September 18, 2018.

9. 對於投資效率可能會導致超額報酬的例子，請參考 Baolian Wang, "The Cash Conversion Cycle Spread," *Journal of Financial Economics* 133, no. 2 (August 2019): 472–497.

10. 在這種情況下，我們保持所需的投資增加量固定不變。

11. **門檻毛利率**這個詞最早出自 Alfred Rappaport, "Selecting Strategies That Create Shareholder Value," *Harvard Business Review* 59, no. 3 (May–June 1981): 139–149.

12. 門檻毛利率的公式是對持續價值使用永續並有通膨法，公式如下：

$$\text{門檻毛利率}_t = \frac{(\text{營業毛利率}_{t-1})(1+\text{通貨膨脹率})}{(1+\text{銷售成長率}_t)} +$$

$$\frac{[(\text{銷售成長率}_t)]/[(1+\text{銷售成長率}_t)](\text{投資增加率})(\text{資金成本}+\text{通貨膨脹率})}{(1-\text{現金稅率})(1+\text{資金成本})}$$

in 其中 t 是某個預期的年分。

第四章　競爭策略分析

1. 關於這個主題更廣泛的討論，包括檢查表，請參考 Michael J. Mauboussin, Dan Callahan, and Darius Majd, "Measuring the Moat: Assessing the Magnitude and Sustainability of Value Creation," *Credit Suisse Global Financial Strategies*, November 1, 2016.

2. Bruce Greenwald and Judd Kahn, *Competition Demystified: A Radically Simplified Approach to Business Strategy* (New York: Portfolio, 2005), 52–53.

3. Orit Gadiesh and James L. Gilbert, "Profit Pools: A Fresh Look at Strategy," *Harvard Business Review*, 76, no. 3 (May–June 1998): 139–147; and Orit Gadiesh and James L. Gilbert, "How to Map Your Industry's Profit Pool," *Harvard Business Review* 76, no. 3 (May–June 1998): 149–162.

4. Michael Gort, "Analysis of Stability and Change in Market Shares," *Journal of Political Economy* 71, no. 1 (February 1963): 51–63.

5. Michael E. Porter, *Competitive Strategy: Techniques for Analyzing Industries and Competitors* (New York: The Free Press, 1980), 3–33.

6. David Besanko, David Dranove, Mark Shanley, and Scott Schaefer, *Economics of Strategy*, 7th ed. (Hoboken, NJ: Wiley, 2017), 186–211.

7. Sharon M. Oster, *Modern Competitive Analysis* (Oxford: Oxford University Press, 1999), 57–82.

8. Besanko et al., *Economics of Strategy*, 111–112.

9. Clayton M. Christensen, *The Innovator's Dilemma: When New Technologies Cause Great Firms to Fail* (Boston: Harvard Business School Press, 1997).

10. Christensen, *The Innovator's Dilemma*, 32.

11. Andrew S. Grove, *Only the Paranoid Survive* (New York: Currency/ Doubleday, 1996).

12. Larry Downes and Paul Nunes, "Blockbuster Becomes a Casualty of Big Bang Disruption," *Harvard Business Review Online*, November 7, 2013, https://hbr.org/2013/11/blockbuster-becomes-a-casualty-of-big-bang-disruption.

13. Frank Olito, "The Rise and Fall of Blockbuster," *Business Insider*, August 20, 2020, https://www.businessinsider.com/rise-and-fall-of-blockbuster.

14. Adam M. Brandenburger and Harborne W. Stuart Jr., "Value-Based Business Strategy," *Journal of Economics and Management Strategy* 5, no.1 (Spring 1996): 5–24.

15. Michael E. Porter, *Competitive Advantage: Creating and Sustaining Superior Performance* (New York: The Free Press, 1985), 36.

16. Joan Magretta, *Understanding Michael Porter: The Essential Guide to Competition and Strategy* (Boston: Harvard Business Review Press, 2012), 73.

17. Carl Shapiro and Hal R. Varian, *Information Rules: A Strategic Guide to the Network Economy* (Boston: Harvard Business School Press, 1999).

18. W. Brian Arthur, "Increasing Returns and the New World of Business,"*Harvard Business Review* 74, no. 4 (July–August 1996): 101–109.

19. Shapiro and Varian, *Information Rules*, 117.

20. Daniel M. McCarthy, Peter S. Fader, and Bruce G. S. Hardie, "Valuing Subscription-Based Businesses Using Publicly Disclosed Customer Data,"*Journal of Marketing* 81, no. 1 (January 2017): 17–35.

21. Daniel M. McCarthy and Peter S. Fader, "How to Value a

Company by Analyzing Its Customers," *Harvard Business Review* 98, no. 1 (January–February 2020): 51–55.

第五章　估計股價中隱含的預期

1. Warren E. Buffett, "How Inflation Swindles the Equity Investor," *Fortune*, May 1977, 250–267.

2. 亞斯華斯・達摩德仁的網站提供對資金成本的充分討論，還有很多補充工具，請參考 http://www.stern.nyu.edu/~adamodar.

3. 請參考 Merton H. Miller and Franco Modigliani, "Dividend Policy, Growth, and the Valuation of Shares," *Journal of Business* 34, no. 4 (October 1961): 411–433. 市場隱含預測期間是在 T Alfred Rappaport, *Creating Shareholder Value: The New Standard for Business Performance* (New York: The Free Press, 1986). 以**價值成長期間**（*value growth duration*）的名稱來介紹。對市場隱含預測期間在股票分析中扮演的角色更詳細的討論請參考 Michael Mauboussin and Paul Johnson, "Competitive Advantage Period: The Neglected Value Driver," *Financial Management* 26, no. 2 (Summer 1997): 67–74. 這些作者將預測期間稱為**競爭優勢期間**（competitive advantage period）. 對於衰退率的討論請

參考 David A. Holland and Bryant A. Matthews, *Beyond Earnings: Applying the HOLT CFROI and Economic Profit Framework* (Hoboken, NJ: Wiley, 2017).

4. Brett C. Olsen, "Firms and the Competitive Advantage Period," *Journal of Investing* 22, no. 4 (Winter 2013): 41–50.

5. Plantronics, Inc., Form 8-K, November 4, 2019.

第六章　辨識預期機會

1. Don A. Moore, *Perfectly Confident: How to Calibrate Your Decisions Wisely* (New York: Harper Business, 2020).

2. J. Edward Russo and Paul J. H. Schoemaker, "Managing Overconfidence," *Sloan Management Review* 33, no. 2 (Winter 1992): 7–17.

3. Raymond S. Nickerson, "Confirmation Bias: A Ubiquitous Phenomenon in Many Guises," *Review of General Psychology* 2, no. 2 (June 1998): 175–220; and Chu Xin Cheng, "Confirmation Bias in Investments," *International Journal of Economics and Finance* 11, no. 2 (February 2019): 50–55.

4. Domino's Pizza, Inc., 10-K, 2019.

5. Steve Gerhardt, Sue Joiner, and Ed Dittfurth, "An Analysis of Expected Potential Returns from Selected Pizza Franchises," *Journal of Business and Educational Leadership* 8, no. 1 (Fall 2018): 101–111.

第七章　買進、賣出或持有？

1. 從一系列投資的預期價值到建構一個投資組合，比簡單選出預期價值最高的股票更為複雜。但是計算預期價值的投入要素在投資組合的建構中很有用處。請參考 Harry M. Markowitz, *Portfolio Selection: Efficient Diversification of Investments* (New York: Wiley, 1959) 第六章。

2. Daniel Kahneman, *Thinking, Fast and Slow* (New York: Farrar, Straus and Giroux, 2011), 245–254.

3. Michael J. Mauboussin, Dan Callahan, and Darius Majd, "The Base Rate Book: Integrating the Past to Better Anticipate the Future," *Credit Suisse: Global Financial Strategies*, September 26, 2016.

4. 我們使用**超額報酬**（*excess return*）這個詞來描述個股高於資金成本的報酬。我們在整本書中都使用**優異報酬**（*superior returns*）這個詞來表示投資人的整體股票組合高於適當基準的表現。

5. 假設預期價值是 100 美元，目前的股價為 80 美元（預期價值
的 80％），而且股權資金成本是 6％。今天 100 美元的預期
價值以股權資金成本 6％的複利來計算，我們會得到從現在起
兩年後的預期價值是 112.36 美元。如果股價從 80 美元在兩年
結束時上漲到 112.36 美元，年化報酬率會是 18.5％，減去股
權成本會產生 12.5 個百分點的超額報酬。

6. Richard H. Thaler, "Anomalies: Saving, Fungibility, and Mental
Accounts," *Journal of Economic Perspectives* 4, no. 1 (Winter 1990):
193–205.

7. Hersh Shefrin, *Beyond Greed and Fear: Understanding
Behavioral Finance and the Psychology of Investing* (Boston:
Harvard Business School Press, 2000), 214–218.

8. Klakow Akepanidtaworn, Rick Di Mascio, Alex Imas, and Lawrence
Schmidt, "Selling Fast and Buying Slow: Heuristics and Trading
Performance of Institutional Investors," *Working Paper*, February
2021, available at SSRN, https://dx.doi.org/10.2139/ssrn.3301277.

9. Daniel Kahneman and Amos Tversky, "Prospect Theory: An
Analysis of Decision Under Risk," *Econometrica* 47, no. 2 (March

1979): 263–291.

10. John W. Payne, Suzanne B. Shu, Elizabeth C. Webb, and Namika Sagara, "Development of an Individual Measure of Loss Aversion," *Association for Consumer Research Proceedings* 43 (October 2015); and Christoph Merkle, "Financial Loss Aversion Illusion," *Review of Finance* 24, no. 2 (March 2020): 381–413.

11. Baba Shiv, George Loewenstein, Antoine Bechara, Hanna Damasio, and Antonio R. Damasio, "Investment Behavior and the Negative Side of Emotion," *Psychological Science* 16, no. 6 (June 2005): 435–439.

12. 這個分析可以應用在要繳稅的投資帳戶，不可以應用在 401(k)s 等可遞延繳稅的帳戶。

13. 在我們寫到這裡的時候，美國聯邦的長期資本利得稅率最高是 20％。其他聯邦稅和州稅可能也適用，這使得考量稅負變得更為重要。

第八章　超越現金流量折現法

1. 感謝瑪莎・艾瑪倫（Martha Amram）幫助我們開發這些技術。

2. 對於想要學習如何辨識並評估實質選擇權的讀者，可以參考 Martha Amram and Nalin Kulatilaka, *Real Options: Managing Strategic Investment in an Uncertain World* (Boston: Harvard Business School Press, 1999); and Jonathan Mun, *Real Options Analysis: Tools and Techniques for Valuing Strategic Investments and Decisions with Integrated Risk Management and Advanced Quantitative Decision Analytics*, 3rd ed. (Dublin, CA: Thomson-Shore and ROV Press, 2016).

3. Nalin Kulatilaka and Alan J. Marcus, "Project Valuation Under Uncertainty: When Does DCF Fail?," *Journal of Applied Corporate Finance* 5, no. 3 (Fall 1992): 92–100; and Alexander B. van Putten and Ian MacMillan, "Making Real Options Really Work," *Harvard Business Review* 82, no. 12 (December 2004): 134–141.

4. 拋掉選擇權就很像是賣權。

5. 股息支出也會影響實質選擇權。我們忽略股息來簡化這個例子。

6. Richard A. Brealey and Stewart C. Myers, *Principles of Corporate Finance*, 5th ed. (New York: Irwin McGraw Hill, 1996), appendix 12–13.

7. 歐式買權（European call option）假定只有在選擇權到期時可以做出行使決策。美式選擇權（American options）假定在選擇權有效期間都可以做出行使決策。在沒有支付股息的情況下，歐式買權和美式買權的價值在這樣的情況下是相同的。

8. 淨現值 = $S - X = 0$ 意味著 $S = X$。因此，$S/X = 1$.

9. Steven R. Grenadier, "Option Exercise Games: The Intersection of Real Options and Game Theory," *Journal of Applied Corporate Finance* 13, no. 2 (Summer 2000): 99–107.

10. 考慮過去的投資很重要，尤其是當一家公司投資在併購或合資企業的時候。大公司併購小公司通常不會增加價值，但是在範疇經濟的形勢下也許會有顯著的實質選擇權價值。請參考 Xiaohui Gao, Jay R. Ritter, and Zhongyan Zhu, "Where Have All the IPOs Gone?" *Journal of Financial and Quantitative Analysis* 48, no. 6 (December 2013): 1663–1692.

11. 查看選擇權價格和其他四個要素投入。使用價值評估公式來解出與選擇權交易價格一致的波動率水準。對於如何評估波動率，請參考 Amram and Kulatilaka, *Real Options*。對於使用這兩個方法來估計目前的波動率，請參考 www.ivolatilty.com。

12. 進入與核心業務完全不同事業的公司就是這種情況。

13. 這些是 2020 年 9 月的數字。

14. 由於現有企業所創造的預期價值並不足以解釋股價，這個模型必須藉由人為延長價值創造的時間來得到補償。

15. Josh Tarasoff and John McCormack, "How to Create Value Without Earnings: The Case of Amazon," *Journal of Applied Corporate Finance* 25, no. 3 (Summer 2013): 39–43.

16. 公司的經理人可以藉由說一個很好的故事來幫助進行這個流程。請參考 Aswath Damodaran, *Narrative and Numbers: The Value of Stories in Business* (New York: Columbia Business School, 2017).

17. George Soros, *The Alchemy of Finance: Reading the Mind of the Market* (New York: Wiley, 1994), 49.

18. 在二次發行股票的情況下，散戶在公司賣出新股票時提供資金。在以股票來併購的情況下，買家藉由發行新股來取得併購交易的資金。

19. Sanjeev Bhojraj, "Stock Compensation Expense, Cash Flows, and Inflated Valuations," *Review of Accounting Studies* 25, no. 3 (September 2020): 1078–1097.

第九章　綜觀經濟全貌

1. Feng Gu and Baruch Lev, *The End of Accounting and the Path Forward for Investors and Managers* (Hoboken, NJ: Wiley, 2016).

2. Sara Castellanos, "Nasdaq Ramps Up Cloud Move," *Wall Street Journal*, September 15, 2020.

3. Paul M. Romer, "Endogenous Technological Change," *Journal of Political Economy* 98, no. 5 (1990): S71–S102.

4. Kai-Fu Lee, *AI Superpowers: China, Silicon Valley, and the New World Order* (Boston: Houghton Mifflin Harcourt, 2018), 22–26.

5. Carl Shapiro and Hal R. Varian, *Information Rules: A Strategic Guide to the Network Economy* (Boston: Harvard Business School Press, 1999), 179.

6. 有個相關的概念是臨界點（tipping point）。這個詞是指某個市場份額的水準，在這個水準上，未來會以更便宜的方式取得市場份額，導致單一公司或技術會勝過其他公司或技術。對某個產品而言，臨界點相當於達到關鍵多數，這是確保成功的市場份額水準。一個市場如果對產品類型的需求很低，而且有很高的規模經濟，那麼這個市場就很有可能達到臨界點。對產品類型的需求很低，意味著市場接受的不是正式的產品，就是一個擁有業界標準的產品。相較之下，像藥品這種知識型產業的標準化並沒有多大的意義。消費者需要各種解決方案來滿足他們的醫療保健需求。

7. 投資人必須先確認哪裡有網路效應很強烈的產業。當網路的參與者享有高度的互動與包容性時，往往會產生強大的網路效應。接下來，投資人必須找出最有可能把網路效應的好處轉換成股東價值的公司。

8. 詳細的討論請參考 Geoffrey A. Moore, *Crossing the Chasm: Marketing and Selling High-Tech Products to Mainstream Customers* (New York: HarperBusiness, 1991).

9. Goksin Kavlak, James McNerney, and Jessika Trancik, "Evaluating the Causes of Cost Reduction in Photovoltaic Modules," *Energy Policy* 123 (December 2018): 700–710.

10. Joseph A. DiMasi, Henry G. Grabowski, and Ronald W. Hansen, "Innovation in the Pharmaceutical Industry: New Estimates of R&D Costs,"*Journal of Health Economics* 47 (May 2016): 20–33.

11. 奧萊利汽車零件公司在2020年9月10日高盛零售會議（Goldman Sachs Retail Conference）上的會議記錄，https://corporate.oreillyauto.com/cmsstati/ORLY_Transcript_2020-09-10.pdf.

12. David Besanko, David Dranove, Mark Shanley, and Scott Schaefer, *Economics of Strategy*, 7th ed. (Hoboken, NJ: Wiley, 2017), 70–73. 這個概念也是大家熟知的萊特定律（Wright's

law.），請參考 Bela Nagy, J. Doyne Farmer, Quan M. Bui, and Jessika E. Trancik, "Statistical Basis for Predicting Technological Progress," *PLoS ONE* 8, no. 2 (2013).

13. Besanko et al., *Economics of Strategy*, 66–67. 也可參考 Morton A. Meyers, *Happy Accidents: Serendipity in Modern Medical Breakthroughs* (New York: Arcade, 2007).

14. Kimberly-Clark Investor Presentation. Financial information as of December 31, 2019.

15. Reed Hastings and Erin Meyer, *No Rules Rules: Netflix and the Culture of Reinvention* (New York: Penguin Press, 2020), 4–8; and Netflix financial statements.

16. Ashlee Vance, "A.M.D. to Split into Two Operations," *New York Times*, October 6, 2008.

17. 回想一下，服務型企業和知識型企業花費大多數的投資，因此與這些投資相關的效率被視為是成本效率。

18. Marshall Fisher, Vishal Gaur, and Herb Kleinberger, "Curing the Addiction to Growth," *Harvard Business Review* 95, no. 1 (January–February 2017): 66–74.

第十章　併購

1. Bob Haas and Angus Hodgson, "M&A Deal Evaluation: Challenging Metrics Myths," *Institute for Mergers, Acquisitions and Alliances*, *A. T. Kearney*, 2013.

2. 有時併購代表一種為了獲得競爭優勢，更為長期的全球策略中的一部分。重要的是，整體策略會增加讓人滿意的價值水準。在這種情況下，收購公司可能不會期望某個特定的收購會創造價值，但是這樣的收購可能是執行這個策略唯一可行的方法。這樣的收購並無法代表它的目的，相反的，它為未來創造價值的機會提供實質選擇權。不過，預期投資法的投資人應該要注意使用實質選擇權話術來將思考不周的併購或支付過多金額的併購合理化的執行長。對於很難創造綜效的詳細對策討論。請參考 Mark L. Sirower, *The Synergy Trap* (New York: The Free Press, 1997).

3. 當賣方公開交易時，市場價值是建構獨立價值的最佳依據。對於股票預期會被收購的公司而言，市場價值也許不是代表單獨價值特別好的指標。為了估計獨立價值，要從目前的市價中減去隱含在目前市價中的「收購溢價」（takeover

premium）。

4. 更多陶氏化學公司的併購交易資料請參考 Michael J. Mauboussin, *Think Twice: Harnessing the Power of Counterintuition* (Boston: Harvard Business Press, 2009), 7–8.

5. Scott A. Christofferson, Robert S. McNish, and Diane L. Sias, "Where Mergers Go Wrong," *McKinsey Quarterly* (May 2004): 1–6.

6. 這節的內容改寫自 Alfred Rappaport and Mark L. Sirower, "Stock or Cash? The Trade-Offs for Buyers and Sellers in Mergers and Acquisitions," *Harvard Business Review* 77, no. 6 (November–December 1999): 147–158.

7. Rappaport and Sirower, "Stock or Cash?," 156–158.

8. Peter J. Clark and Roger W. Mills, *Masterminding the Deal: Breakthroughs in M&A Strategy and Analysis* (London: Kogan Page, 2013).

9. Tim Loughran and Anand M. Vijh, "Do Long-Term Shareholders Benefit from Corporate Acquisitions?," *Journal of Finance* 52, no. 5 (December 1997): 1765–1790.

10. Pavel G. Savor and Qi Lu, "Do Stock Mergers Create Value for Acquirers?," *Journal of Finance* 64, no. 3 (June 2009): 1061–1097.

11. 以併購來套利的人願意承擔這些風險來換取股價與併購報價差距的機會。因此，這種折價也是大家熟知的一種套利價差。

12. 雖然市場對合併公告的短期反映為交易可能產生的結果提供可靠的指標。但是後來看，市場評估可能會證明這是不正確的。研究顯示，市場評估是公正的。這意味著平均而言，市場對這筆交易既不會高估，也不會低估。 我們可以將投資人的集體判斷視為買方與賣方股東對併購價值得客觀評估。換句話說，即時的股價反應是市場對這筆交易長期影響的最佳估計。請參考 Mark L. Sirower and Sumit Sahni, "Avoiding the 'Synergy Trap': Practical Guidance on M&A Decisions for CEOs and Boards," *Journal of Applied Corporate Finance* 18, no. 3 (Summer 2006): 83–95.

第十一章　買回庫藏股

1. 公司藉由內部產生現金流量、資產負債表上的現金，或是發行債務來為這些計畫提供資金。

2. Alberto Manconi, Urs Peyer, and Theo Vermaelen, "Are Buybacks Good for Long-Term Shareholder Value? Evidence from Buybacks Around the World," *Journal of Financial and Quantitative*

Analysis 54, no. 5 (October 2019): 1899–1935.

3. William Lazonick, "Profits Without Prosperity," *Harvard Business Review* 92, no. 9 (September 2014): 46–55. For a proper response, see Jesse M. Fried and Charles C. Y. Wang, "Are Buybacks Really Shortchanging Investment?," *Harvard Business Review* 96, no. 2 (March–April 2018): 88–95.

4. 就像華倫‧巴菲特在 1984 年的波克夏海瑟威年報中寫到：「當擁有出色業務和良好財務狀況的公司發現股票在市場上的價格低於內在價值時，沒有什麼替代方案能像買回庫藏股一樣可以讓股東受益。」請參考 Berkshire Hathaway Inc., Letter to shareholders, 1984, https://www.berkshirehathaway.com/letters/1984.html.

5. Zicheng Lei and Chendi Zhang, "Leveraged Buybacks," *Journal of Corporate Finance* 39 (August 2016): 242–262.

6. Michael C. Jensen, "Corporate Control and the Politics of Finance," *Journal of Applied Corporate Finance* 4, no. 2 (Summer 1991): 13–34.

7. Walter I. Boudry, Jarl G. Kallberg, and Crocker H. Liu, "Investment Opportunities and Share Repurchases," *Journal of Corporate*

Finance 23 (December 2013): 23–38; and Mark Mietzner, "Why Do Firms Decide to Stop Their Share Repurchase Programs?," *Review of Managerial Science* 11, no. 4 (October 2017): 815–855.

8. Ahmet C. Kurt, "Managing EPS and Signaling Undervaluation as a Motivation for Repurchases: The Case of Accelerated Share Repurchases," *Review of Accounting and Finance* 17, no. 4 (November 2018): 453–481.

9. 公司和投資人常常會錯誤的把買回庫藏股的「報酬」與本益比的倒數等會計衡量標準聯想在一起。（錯誤的）邏輯思考是這樣：假設一家公司的市場共識預期是每股賺 1 美元，股價是 25 美元，因此本益比是 25 倍。所以這家公司每買回價值 25 美元的股票，就會得到 1 美元的盈餘。「報酬」是 4%（1/25）。錯誤在於，投資人無法可靠的把本益比和權益成本連結起來，因為這個倍數是一種簡略的表達，融合折現率以外的變數，像是銷售成長、營業利益率、投資需求和競爭優勢的持久性。

10. Alfred Rappaport, *Creating Shareholder Value: The New Standard for Business Performance* (New York: The Free Press, 1986), 96.

11. 再投資機會的範圍從相對高報酬到略高於資金成本的報酬。

自然的，管理階層應該要更進一步審查低報酬的機會。然而，一些低報酬率的投資，像是環境控制的投資，可能會受到監管，因此不可避免要去投資。在你考慮不投資的後果之前，其他投資顯然會產生相對低的報酬。但是其他投資可能不會將其他產品或服務的收益完全納入報酬率的計算之中。

12. Alon Brav, John R. Graham, Campbell R. Harvey, and Roni Michaely, "Payout Policy in the 21st Century," *Journal of Financial Economics* 77, no. 3 (September 2015): 483–527.

13. Manconi, Peyer, and Vermaelen, "Are Buybacks Good for Long-Term Shareholder Value?"

14. 1982 年，美國證券交易委員會頒布 Rule 10b-18，為公開市場買回股票提供避風港與公司可以遵循的規則。在 1982 年以前，買回庫藏股的公司冒著被指控操縱股票的風險。避風港規則已經隨著時間的經過而更新，以因應市場的改變。

15. 請 參 考 "Frequently Asked Questions Provided by Microsoft Corporation to Employees" at https://www.sec.gov/Archives/edgar/data/789019/000119312506150261/dex995.htm.

16. Ranjan D'Emello and Pervin K. Shroff, "Equity Undervaluation and Decisions Related to Repurchase Tender Offers: An Empirical

Investigation,"*Journal of Finance* 55, no. 5 (October 2000): 2399–2424.

17. Theo Vermaelen, "Common Stock Repurchases and Market Signaling," *Journal of Financial Economics* 9, no. 2 (June 1981): 139–183.

18. Jacob Oded and Allen Michel, "Stock Repurchases and the EPS Enhancement Fallacy," *Financial Analysts' Journal* 64, no. 4 (July–August 2008): 62–75.

19. John R. Graham, Campbell R. Harvey, and Shiva Rajgopal, "Value Destruction and Financial Reporting Decisions," *Financial Analysts' Journal* 62, no. 6 (November–December 2006): 27–39.

20. Bruce Dravis, "Dilution, Disclosure, Equity Compensation, and Buybacks," *Business Lawyer* 74, no. 3 (Summer 2019): 631–658.

21. Michael Rapoport and Theo Francis, "Share Buybacks Help Lift Corporate Earnings," *Wall Street Journal*, September 23, 2018.

22. 如果我們假設公司借錢來資助這項計畫,結果也是一樣。

23. Roni Michaely and Amani Moin, "Disappearing and Reappearing Dividends," SSRN Working Paper, July 2020, https://dx.doi.org/10.2139/ssrn.3067550.

24. 我們的說明都跟美國有關。其他國家有不同的稅負和政策。

25. 更複雜的方法，請參考 John R. Graham, "How Big Are the Tax Benefits of Debt?," *Journal of Finance* 55, no. 5 (October 2000): 1901–1941. 就像我們在第二章注釋 11 提到的，並非所有公司會將利息費用從所得稅中扣除。對銷售金額 2500 萬美元的公司來說，「2017 年減稅與就業法案」（the Tax Cuts and Jobs Act of 2017）限制到 2021 年，利息扣除金額上限為稅前息前折舊攤銷前獲利的 30％。根據 2017 年的數字，這會影響羅素 3000 指數大約 15％的成分股（不包括金融服務與房地產公司）。從 2022 年起，利息扣除上限為稅前息前盈餘的 30％。根據 2017 年的數字，這會影響羅素 3000 指數成分股 20％的公司（不包括金融服務與房地產公司）。

第十二章　把握投資機會

1. Gary Klein, "Performing a Project Premortem," *Harvard Business Review* 85, no. 9 (September 2007): 18–19.

2. Andrew Mauboussin and Michael J. Mauboussin, "If You Say Something Is 'Likely,' How Likely Do People Think It Is?," *Harvard Business Review Online*, July 3, 2018.

3. Allan H. Murphy and Harald Daan, "Impacts of Feedback and Experience on the Quality of Subjective Probability Forecasts: Comparison of Results from the First and Second Years of the Zierikzee Experiment," *Monthly Weather Review* 112, no. 3 (March 1984): 413–423.

4. Philip E. Tetlock, *Expert Political Judgment: How Good Is It? How Can We Know?* (Princeton, NJ: Princeton University Press, 2005).

5. Stefano Ramelli and Alexander F. Wagner, "Feverish Stock Price Reactions to COVID-19," *Review of Corporate Finance Studies* 9, no. 3 (November 2020): 622–655.

6. Jerold B. Warner, Ross L. Watts, and Karen H. Wruck, "Stock Prices and Top Management Changes," *Journal of Financial Economics* 20 (January–March 1988): 461–492.

7. William Thorndike, *The Outsiders: Eight Unconventional CEOs and Their Radically Rational Blueprint for Success* (Boston: Harvard Business Review Press, 2012).

8. Scott Davis, Carter Copeland, and Rob Wertheimer, *Lessons from the Titans: What Companies in the New Economy Can Learn from the Industrial Giants to Drive Sustainable Success* (New York:

McGraw Hill, 2020), 119–151.

9. Davis, Copeland, and Wertheimer, *Lessons from the Titans*, 1–48.

10. Boris Groysberg, *Chasing Stars: The Myth of Talent and the Portability of Performance* (Princeton, NJ: Princeton University Press, 2010), 324–326.

11. Gary Smith, "Stock Splits: *A Reevaluation*," *Journal of Investing* 28, no. 4 (June 2019): 21–29.

12. Fengyu Li, Mark H. Liu, and Yongdong (Eric) Shia, "Institutional Ownership Around Stock Splits," *Pacific-Basin Finance Journal* 46 (December 2017): 14–40.

13. Alon Brav, John R. Graham, Campbell R. Harvey, and Roni Michaely, "Payout Policy in the 21st Century," *Journal of Financial Economics* 77, no. 3 (September 2005): 483–527.

14. Doron Nissim and Amir Ziv, "Dividend Changes and Future Profitability,"*Journal of Finance* 56, no. 6 (December 2001): 2111–2133.

15. Roni Michaely, Stefano Rossi, and Michael Weber, *Signaling Safety*, ECGI Finance Working Paper No. 653/2020, February 2020, https://dx.doi.org/10.2139/ssrn.3064029.

16. Kent Daniel and Sheridan Titman, "Another Look at Market

Responses to Tangible and Intangible Information," *Critical Finance Review* 5, no. 1 (May 2016): 165–175.

17. Michael J. Cooper, Huseyin Gulen, and Michael J. Schill, "Asset Growth and the Cross-Section of Stock Returns," *Journal of Finance* 63, no. 4 (August 2008): 1609–1651. 至於非美國的結果，請參考 Akiko Watanabe, Yan Xu, Tong Yao, and Tong Yu, "The Asset Growth Effect: Insights for International Equity Markets," *Journal of Financial Economics* 108, no. 2 (May 2013): 259–263.

18. Matteo Arena and Stephen Ferris, "A Survey of Litigation in Corporate Finance," *Managerial Finance* 43, no.1 (2017): 4–18; and Amar Gande and Craig M. Lewis, "Shareholder-Initiated Class Action Lawsuits: Shareholder Wealth Effects and Industry Spillovers," *Journal of Financial and Quantitative Analysis* 44, no. 4 (August 2009): 823–850.

19. Joe Nocera, "BP Is Still Paying for the Deepwater Horizon Spill," *Bloomberg*, February 4, 2020, https://www.bloomberg.com/news/articles/2020-02-04/bp-is-still-paying-for-the-deepwater-horizon-spill.

20. George Washington Regulatory Studies Center, "Reg Stats," https://regulatorystudies.columbian.gwu.edu/reg-stats.

21. Michail Batikas, Stefan Bechtold, Tobias Kretschmer, and Christian Peukert, *European Privacy Law and Global Markets for Data*, CEPR Discussion Paper No. DP14475, March 25, 2020, https://ssrn.com/abstract=3560282.

22. James M. McTaggart, Peter W. Kontes, and Michael C. Mankins, *The Value Imperative: Managing for Superior Shareholder Returns* (New York: The Free Press, 1994), 241.

23. Donghum "Don" Lee and Ravi Madhavan, "Divestiture and Firm Performance: A Meta-Analysis," *Journal of Management* 36, no. 6 (November 2010): 1345–1371.

24. Michael J. Mauboussin, Dan Callahan, David Rones, and Sean Burns, "Managing the Man Overboard Moment: Making an Informed Decision After a Large Price Drop," *Credit Suisse: Global Financial Strategies*, January 15, 2015.

25. 動能結合先前的股價變動與盈餘修正。估計市值反映現金流量模型中價格和價值之間的差距。而品質是用來評估一家公司的投資是否賺到高於資金成本的報酬。更詳細的資料，請參考Mauboussin, Callahan, Rones, and Burns, "Managing the Man Overboard Moment," 18–19.

26. Michael J. Mauboussin, Dan Callahan, Darius Majd, Greg Williamson, and David Rones, "Celebrating the Summit: Making an Informed Decision After a Large Price Gain," *Credit Suisse: Global Financial Strategies*, January 11, 2016.

解讀市場預期

從股價判讀獲得超額報酬
（全新修訂版）

Expectations Investing: Reading Stock Prices for Better Returns, Revised and Updated

作者：麥可‧莫布新(Michael J. Mauboussin)、阿爾福雷德‧拉帕波特(Alfred Rappaport)｜譯者: 徐文傑、鍾顏聿｜視覺：Dinner、薛美惠｜副總編輯：鍾顏聿｜行銷企劃專員：黃湛馨｜出版：感電出版｜發行：遠足文化事業股份有限公司（讀書共和國出版集團）｜地址：23141 新北市新店區民權路108-2號9樓｜電話：02-2218-1417｜傳真：02-8667-1851｜客服專線：0800-221-029｜信箱：info@sparkpresstw.com｜法律顧問：華洋法律事務所　蘇文生律師｜ISBN：978-626-98760-8-2（平裝本）、978-626-98760-4-4（EPUB）／ 978-626-98760-3-7（PDF）｜出版日期：2024年10月｜定價：480元

國家圖書館出版品預行編目(CIP)資料

解讀市場預期/麥可.莫布新(Michael J. Mauboussin), 阿爾福雷德.拉波帕特(Alfred Rappaport)著；徐文傑翻譯. -- 新北市：感電出版, 遠足文化事業股份有限公司, 2024.10

344面；14.8×21公分

譯自：Expectations investing : reading stock prices for better returns, revised and updated ed.

ISBN 978-626-98760-8-2(（平裝）

1.CST: 股票投資 2.CST: 投資分析 3.CST: 投資組合

563.53　　　　　　　　　　113014399

EXPECTATIONS INVESTING: Reading Stock Prices for Better Returns, Revised and Updated by Michael J. Mauboussin and Alfred Rappaport
Revised and Updated edition ©2021 Michael J. Mauboussin and Alfred Rappaport First edition © 2001 Harvard Business School Publishing
Paperback edition © 2003 Harvard Business Review Press
Chinese Complex translation copyright ©2024
By Spark Press, a division of Walkers Cultural Enterprise Ltd
Published by arrangement with Columbia University Press
Through Bardon-Chinese Media Agency
博達著作權代理有限公司
ALL RIGHTS RESERVED